지랄맞은 사춘기를 죽지 않고 통과하는 일

 **Attention**

작가의 입말을 그대로 담아 사투리, 비속어 가득합니다.
예의, 법도, 원칙, 말투 따질 분들은 접근 금지!
알고 깨닫고 행동할 분들만 함께 갑니다.

지랄맞은 사춘기를
죽지 않고 통과하는 일

김선미
(하은맘)

지음

온포인트

사춘기 지옥에 온 걸 환영한다

웰컴 투 헬!

지옥 문을 열고 입장한 걸 환영한다.

이제부턴 그 무엇을 상상하든

그 이상의 추잡하고 잔혹하며 속 터지는 현실을

매일매일 맞닥뜨리게 될 것이다.

어제까지만 해도 "엄마~" 하고 안기던 그 귀요미?

걔는 이제 없어.

'이게 진짜 처돌았나' 싶은 순간의 연속일 터이니

자신 없는 이들은 뒤돌아 나가거나 (뒤는 천 길 낭떠러지임)

도망치거나 (좀비력 상승한 자식이 평생 괴롭힐 거임)

지구를 떠나거라. (갈 데가 있긴 하간?)

'빼박'이다 이거지.

더럽게 안 씻는 주제에 거울만 백 번 보고

숙제는 해놓지도 않고 게임 타령만 하다가

알아서 하는 거 한 개도 없으면서 죙일 잠만 처자고

그동안 죽어라 해 맥인 집밥 거부하고 몰래 편의점 다니며

스마트폰 사달라 눈 부라리는 저 시키를 죽여 살려?

'내가 이 꼴 보려고 그렇게 집밥 해 맥이고 책 읽히고 뒹굴었나'

'내 이렇게 사사건건 반항하고 눈알 희번덕거리는 애랑

매일 실랑이할 거였으면 그 고생 뭐하러 했나'

한숨이 절로 나오고 속이 터져 폭발할 것 같을 거다.

'제대'가 있담서? '발육아' 된담서?

하은맘아~ 니가 그랬잖아? 좋은 세상 올 거라고, 으엉헝헝~.

애송이들~ 으흐흐흐! 내가 왜 그랬을 거 같아?

이 '험한 것'이 기다리고 있다고 미리 죄다 까발렸다면

책육아, 아니 그냥 육아라도 제대로 시작이나 했을 거 같아?

싹 다 머리 쥐어뜯고 비명 지르며 토꼈을 게 뻔한데

진즉 기관, 기숙사, 해외로 귀양 외주 보내버릴 게 뻔한데

내가 그 꼴을 두 눈 뜨고 보라고?

이 드러운 꼴, 험한 꼴을 나만 흠씬 당하라고?

어림도 없지!

다 같이 당해야지. 똑같이 당해야지.

나처럼 번번이 뒷목 잡고

빠지는 턱 수시로 끼워 맞추며

기막히고 어이없고 황당하고 비현실적인 사춘기의 삶을

울며불며 통과해야지. 그래야 꼬숩지 낄낄~.

그 뻔뻔한 얼굴, 공갈치고도 아무렇지 않은 낯짝!

게으름의 극치를 달리면서 알아서 다 할 거라 말하는 꼬락서니!

내 배 아파 낳은 그 귀요미 꼬물이의 ~~병산~~변신 쇼를

매일 최악 기록 갱신하며 온몸으로 버텨내야지.

응, 그래, 맞아. 바로 오늘 지금의 네 아이는

그간의 모든 삶에서 가장 착하고 순수하고 정상적인 아이야.

내일은 더 못되고 더 게으르고 더 냉소적인 모습으로

방문을 꽝 닫고 들어가게 될 터이니!

무섭다고 도망쳐도 안 될 것이고

말대꾸한다고 손찌검해도 안 될 것이며

'알아서 할게쏭~' 부르며 널브러져 있다고

그냥 냅둬도 안 될 것이다.

도리어 '내 자식은 잘 크고 있구나'를 끊임없이 되뇌며

드럽고 치사해도 엉덩이 살살 긁어주고

교묘하게 유도하고 방어하고 종용하며

올바른 길로 이끌어야 한다.

애 언제까지 '조수석 인생' 살게 할 건데?

엄마가 목적지 다 정해놓고 운전대 안 놓으면

걔 나중에 아무것도 하고 싶지 않은 무기력한

성인 되지 않겠어?

사춘기는 아이가 자기 인생의 운전대를 빼앗아 오는 시기야.

"이제 내가 할래."

"아, 그건 싫다고!" 하는 건

사고 난 것도 비정상도 아니다, 절대.

그야말로 '인수인계' 기간이자

아이 내면의 '자기 엔진'이 켜졌다는 신호라고.

시동 걸리면 소음 오지게 난다. 덜컹거린다.

연비? 당연히 안 좋지.

지금 애가 부리는 반항은 폭주가 아니라 연습 주행일 뿐이야.

"야! 앞에 봐!"

"그렇게 몰면 사고 나!"

"내 말 들어! 들으라고~~."

그렇게 엄마가 옆에 딱 붙어 앉아 연신 소리 지르다

애가 운전대 탁 놓아버리면, 그땐 어떡할 건데?

엄마가 운전해줘야 돼, 평생.

가장 무서운 건 '엔진 없는 차'가 돼버리는 거다.

평생 지옥길 열리는 거지. 애도 죽고, 엄마도 죽는….

살짝 미쳐있는 10대의 내 자식,

하지만 그들의 미친 짓은 태고의 청사진을 따르는 것이고,

애초에 예정된 대로 성장하고 있을 뿐인 거다.

비록 그 뻔뻔함이, 반항심이, 거짓말이, 꼴아 보는 눈빛이

우리를 더 미치게 할지언정

그게 자연의 법칙이고 순리인 걸 어떡한다냐.

나도 절대 알고 싶지 않았어.

애가 아무리 미쳐 날뛰고 좀비 변태를 반복해대도

사춘기 양육서 수십 권 읽고 준비한 나는

그 누구보다 영리하고 지혜롭게 그 시기를 잘 보내리라

생각했다고. 근데 영리는 개뿔~.

그 누구보다 추잡하고 치졸하고 악독하고 표독스럽게

툭하면 파국을 야기했던 주범인 내가

교만과 자만과 쪽팔림의 옷을 홀라당 발라당 벗어 던지고

눈물로 써내려간 자백 에세이다, 이것은.

행간마다 녹여놓은 뇌과학과 심리학, 교육학의 스멜을 알아서들

맡으며 미간 주름 빡 세워 주의 깊게 음미하기 바란다.

'저렇게 후질 수도 있구나' 하는 손가락질?

내 기꺼이 받아주마.

무엇을 상상하든 하은이와 난 그 이하로

더 그지 같았고, 더 처절했으니까.

더불어 그 냄새 나는 진흙탕 싸움 끝에

서로 울면서 쓴 사과 편지 끝에 항상 매달려있던 그 말.

"하은아, 그래도 엄만 널 가장 **사랑해**."

"나두 엄마 너무 **사랑해**."

그 세 글자 간신히 부여잡고 험난한 절벽을 기어 올라왔으니까.

자, 준비됐어?

나와 함께 이 피 튀기는 생존 전쟁에 기꺼이 뛰어들 준비!

육아 인생의 마지막 허들이다.

무조건 돌진이다~!

2장

유도하더라도 절대 들키지 마

인생의 주도권 스스로 갖기 훈련

1장

말 안 통해서
미쳐버리겠다고?

여우같이 둘 다 살아남는 대화법

“됐어, 냅둬, 알아서 할게
이 3종 세트의 시작”

아직 안 왔다고
방심하지 마

지옥의 사춘기 신호 6가지

"아, 식빵! 왜 때려? 엄마 깡패야?"

"뭐? 식빵? 엄마한테 식~빵? 그래, 나 깡패다.

어디 살인자도 함 돼봐? 내 손에 죽어볼래, 너?"

"그래 죽여. 내가 뭘 그리 잘못했는데에~~ 아악!"

"이게 진짜. 허구한 날 속이고 거짓말하고 약속 안 지키고

내가 언제까지 참아야 하니? 넌 내가 호구로 보이냐?

그래, 같이 죽자. 살 이유가 없다. 진짜!"

"아악~~~~~"

툭탁툭탁*&#*\$&*;;^\$*%&

늦은 밤까지 고성이 오가고 미세한 몸싸움이 벌어진다.

거실에서 애 방으로, 다시 거실로 옮겨가며

낯부끄럽고 진상스런 전쟁, 전투가 끝나질 않는다.

그날의 파국이 어떻게 끝났는지, 뭐 때문에 그 난리가 났었는지

기억도 잘 나지 않는다.

다만, 짐승처럼 악을 쓰며 달려들던 애와 엉거주춤 물러서면서

살려고 애 머리 끄댕이를 잡아채다 엉겨붙어

얼굴에 낸 손톱자국이 꽤 오래 갔던 기억은 난다.

콱 죽고 싶었다.

계약한 책이 있고, 잡힌 강연 일정이 있어 죽지도 못했다.

하~ 상상이 안 가지?

절대 안 그럴 거 같지?

응, 그래. 누구나!

처맞, 아니 맞닥뜨리기 전까지는!

나도 설마 내 자식은 안 그럴 줄 알았고

애가 아무리 사춘기 오춘기 십팔춘기 변신술로 날 희롱한대도

미리 책 읽고 준비 단단히 하고 신호 대기 타고 있던 나는

절대로 애 급변화에 놀라지 않고 일희일비 하지 않고

유려하고 세련되게 받아주리라 철썩같이 믿고 있었다.

허나 난 줏대는커녕 방향 감각을 완전히 잃은

무식하고 폭력적이기 그지없는 한 마리의 짐승에 불과했다.

이건 마치 유치원생 아이가 "의대? 조밥이지!"

초등생이 돼서 "스카이? 조밥이지!"

중학생이 돼서 "인 서울? 조밥이지!"

고3이 되는 순간 "하~ 내가 조밥이네!"

하는 것과 같은 형국이랄까.

아마도 애가 아직 어리고 순하면 그 '험한 게' 닥쳐올 거라

상상하기 어려울 거다.

허나 지난 몇 년간 전화통에 불이 나던 아우성들!

"언니, 대체 얘 왜 이러는 거예요?"

"어제 또 대판 했어요! 하루이틀도 아니고, 죽고 싶어요."

"사춘기 책 좀 내주세요, 제발!"

내가 뭐랬냐.

애 삽시간에 커버리고 사춘기 도적처럼 와버린다고 안 그랬냐?

어느 날 눈알 돌아가버린 「엑소시스트」 소녀처럼 변해버린

아이 앞에서 "악령아 물러가라!"

소리 치는 허망한 짓 하지 말고 잘 새겨들어라.

사춘기 안 겪고 크는 애 절대 없다.

아이마다 시기와 정도와 양상만 다를 뿐!

어어어~ 하다 순식간에, 별안간에 겪게 될 것이야.

착한 내 애는 비켜갈 거라는 기대는 개나 줘.

애가 커나가는 중차대한 과정인 걸 무슨 수로 피해갈 건데?

진짜 안 크고 지금처럼 엄마 옆에 쭉 계~에~속

서른까지, 마흔까지 껌딱지처럼 붙어 있음 퍽이나 좋겠다.

그니까 아직 멀었다고 절대 방심하지 마라.

방심하다 맞으면 더 아프고 쓰리다.

그렇다고 온갖 상황 다 계산하고 철저히 준비한다고

아이도 엄마도 상처받지 않고 스무스하게

편안하고 깔끔하게 지나갈 거라는 착각도 버려.

우리의 목표는 사춘기를 상처 없이 우아하게

살랑살랑 '지나가는 게' 아니다.

누구도 죽지 않고 온몸으로 '통과해 나가는' 것.

둘 다 피투성이인 채로 울며불며 좀비처럼 기어다닐 시간

온전히 견뎌야 해.

근데 그 어마무시한 사춘기 신호란 게

대체 어디서 오는 거고, 뭘로 알아채는 건지 궁금해?

원해? 정리해줘? 옛다~!

하나, 냄새.

냄새가 달라져. 특히 정수리 냄새.

봉준호 감독님이 대작 「기생충」에서 계급 간 격차를

냄새로 표현했잖니.

참 기막힌 연출이다 생각했는데

유년기와 사춘기 차이도 냄새로 나뉘다니. 휴우~.

고소한 우유 냄새 덜 가신, 햇빛에 말린 이불 같은 보송한 냄새가

폴폴 나던 내 아이 정수리에서 불현듯 꼬릿하고 알싸한

뒷방 영감님 냄새가 뿜어져 나와, 사정없이.

사춘기 초입엔 호르몬이 폭발하고 피지선, 땀샘이 풀가동돼서

그런 거긴 한데 문제는, 몸은 중고생으로 쭉쭉 커가는데

생활 습관은 초딩이라 아무리 씻으라고 잔소리해도

"어제 씻었다고~" 말 같지도 않은 소리를 해대며 안 씻는 거다.

샤워하고 나왔는데도 그 정수리 냄새는 사라지기는커녕 증폭돼.

왜?

머리 안 감고 온몸을 샤워하고 나오는 놀라운 기술을 선뵈거든.

진짜 미쳐~.

참 희한하게 머리 감는 걸 그~룽~게~나 아까워 해.

어떻게든 횟수를 줄이려고 부단히도 애를 쓴다.

특히 여자애들은 풍성한 미역 머리 며칠 버티다 발효되면

5년쯤 묵은 장독대 된장 냄새가 구리구리 온 집안에 진동해.

모처럼 표현력의 한계를 느끼는 그런 냄새랄까.

둘, 말.

말이 줄어.

조잘조잘 까불이 수다쟁이가 말이 없어지고 과묵해져.

그나마 하는 말이라곤 "몰라" "그냥" "아니" 정도.

덕분에 집안이 조~용~해지지. 무지막지한 적막. 폭풍 전야랄까.

애들 유아기 때 '말더듬 시기' 많이들 경험했지?

하은이두 그랬었구.

부끄럽거나 당황하거나 머릿속이 정리가 안 돼서

입 꾹 닫고 물러서 있거나 말을 끊고 멈추는 증상.

'유창성 장애'라고도 하는데,

이럴 땐 엄마랑 착 붙어 대화 많이 하고

환경 편하게 조성해 주면 대체로 금세 좋아져.

근데 사춘기 때 입 닫는 건 원인도 다르고, 양상이 완전 달라.

유아기 땐 '머리'도 자라는 중이고 '입'도 야무지지 못해서

말을 멈추고 더듬었던 건데,

사춘기 땐 '머리'도 껑충 자랐고 '입'도 야무진데

자기가 겪는 몸과 마음의 변화가 너무 급격해서 머리 따로,

입 따로 놀아버리니까 그냥 입을 먼저 닫아버리는 거다.

근데 엄마가 이 시간 차를 이해 못 하고

"왜 대답을 안 해?" "아오~ 답답해 죽겠네" "니 생각이 뭐냐고?"

계속 추궁하고 강요하면 뭐 되는 거야.

셋, 잠.

엄청 자. 곰처럼 잠만 자.

22

매일 아침마다 아무리 깨워도 애 영혼이 안 돌아와.

쿨쿨 잘도 잔다.

기절한 건지, 죽은 건지….

아침마다 매번 푸닥거리 한판 하고 허둥지둥 전쟁이 따로 없다.

밤잠도 깊이 자지만, 낮잠은 바야흐로 더 깊은 숙면이다.

책 읽다 자고, 숙제 하다 자고, DVD 보다 자고. 아놔~.

영어 흘려듣기, 집중듣기 시간엔 말해 뭐해?

그냥 엎어져 자는 시간이다.

게을러터진 저 시키 저거 냅둬도 되나 싶지?

뇌에 대규모 리모델링, 재건축이 진행 중이라 그런 거니 냅둬.

안 쓰는 신경 회로 정리하고, 자주 쓰는 회로망 굵게 까는

중이야.

이게 다 수면 중에 일어나.

그니까 잠 많다고 너무 닦달 말고 공사 방해하지 마라.

넷, 옷.

아무리 옷에 관심 없는 애라도 색깔만큼은 대동단결,

천하통일이다.

모든 옷은 일제히 블랙, 차콜, 그레이 셋 중 하나.

유아기 '핑크 공주 시즌'도 징그러웠는데,

사춘기 '칙칙 스님 시즌'은 더 징글징글하다.

브랜드 따지기 시작하면 죄다 똑같은 패딩, 교복처럼 입고 다녀.

지가 좋아하는 것만 입다 보니 빨래도 안 해, 잘.

머리에서 냄새 나지, 옷에서 냄새 나지.

어후~ 드러.

다섯, 음식.

어릴 때부터 그렇게 유기농 집밥으로 키워놨더니

바깥 자극적인 음식을 그렇게 탐해.

'설·밀·나·튀' 그렇게 먹지 말라는

설탕, 밀가루, 나쁜 기름, 튀김 범벅만 찾아 먹고

맵고 짜고 달고 자극적인 음식을 편의점에서, 분식집에서

그렇게 사 먹어대.

몰래 먹다 들켜서 파국으로 치닫길 수차례,

아무리 단도리를 해도 학교 오가며 자꾸 샛길로 샌다.

그래도 우리의 책무인 집밥 놓아버리면 안 돼.

신선한 재료, 천연 양념으로 건강한 음식 만들어

애 멱살 잡고 끌어다 입 벌려 먹여야 해.

그래야 점점 더 바빠지는 애 체력과 소홀해지기 쉬운 건강,

끝까지 유지하고 지킬 수 있다.

명심해라.

친구를 그렇게 찾아.

뭔 일 터져도 찾고, 안 터져도 찾고,

엄마랑 싸우고 나가도 친구,

아무일 없어도 친구 만나러 휙 나가버려.

가끔 "엄마는 뭐지?" 하는 말이 혀 끝까지 차오르지만

참아야지 어쩔 건데?

사춘기 친구 집착? 너무 당연하고 정상인 거다.

부모 세계에서 벗어나 자기 세계에 첫발을 뗀 시기,

그 세계의 중요한 구성원이 또래 집단이고 친구인 건데

"친구 말은 잘 듣고, 엄마 말은 개무시지?"

"그 친구가 너 인생 책임져 줄 거 같니?"

조곤조곤 족치는 순간 전쟁 시작인 거다.

아이들 마음속 들여다보면 이래.

부모 앞에서는 기대에 맞춰 커야 하는 자식으로서

역할이 크고 책임이 막중하지만,

친구 앞에선 좀 틀려도, 찌질해도, 몰라도, 실수해도

괜찮잖아.

그 자유가 얼마나 숨통을 틔워주겠니.

그니까 친구만 줄창 찾아도 모른 척해주는 게 답이다.

집은 언제든 돌아올 수 있는 편하고 안전한 곳

이라는 것 정도만 느낄 수 있게 해주면 돼.

엄마가 1순위가 되려는 순간,

지옥의 사춘기 시즌은

더 길고 어두운 끝나지 않는 전쟁이 되는 거다.

애 달라졌다고
당황하지 마

이 와중에 정말 다행인 게 뭔 줄 알아?

사춘기에도 '기승전결'이 있다는 거.

갑자기 비극부터 터지지도 않고,

아무 이유 없이 평화로운 결말이 오지도 않아.

슬슬 전조 증상이 있다가 점점 긴장감이 쌓이면서

문제의 윤곽이 드러나고 갈등이 폭발하면서 관계가 균열된 후

사건이 잘 정리되며 마무리.

두 살이었던 깨댕이 까꿍이가 천방지축 다섯 살 꼬맹이가 되고

엄마 옷 같이 입는 청소년으로 크는 게 어찌 이리도 삽시간인지.

그야말로 파노라마다.

넓은 시야로 처음부터 끝까지 한눈에 보여줄 테니까 잘 봐봐.

나처럼 '망육아 불안증'에 빠지지 말고

부분보다 전체를, 순간이 아닌 과정을 넓고 길게

펼쳐 볼 줄 알아야 육아가 쉬워져.

기(起), 사춘기의 시작.

'뇌의 싱크홀'에 하나둘 빠지기 시작한다.

겉으론 별일 없어 보이는데

나중에 보면 '아, 여기서부터였네' 싶은 복선 구간 있지?

아이의 말투, 태도, 생활 리듬에서 미세한 변화를 보이면서

어딘지 모르게 왜인지도 모르게 살짝 달라져.

"내가 알아서 할게" 하면서 하나도 알아서 하지 못하는

구간의 시작.

'뇌의 싱크홀'은 멍청이 시즌을 좀 유식하게 표현한 건데,

똑똑하고 영민하고 현명하게 길러온 내 자식의 모든 능력이

갑작스레 생긴 거대한 구멍에 죄다 빠지는 시기다.

하루하루 바로 잡아주고 매일매일 정성껏 실천했던

습관, 태도, 먹거리, 버릇, 인성, 예의까지

그 싱크홀로 하나둘 빨려들어가고 뚝 떨어져 버린다.

하~ 아까워 뒤진다.

근데 잠시 눈에서 안 보이는 거지, 정말 사멸한 건 아니라는 거!

너무 힘들고 괴롭다고 기숙학교 보내버리지만 않으면

외국으로 떠나보내지만 않으면

곰삭여져 있다가 꽃 피워지니 걱정들 말고.

아무 생각 없이 살던 애가 나름 이성적 판단이라는 걸

하게 되는데 정갈하게 정돈된 상태가 아니라

지도 지가 설익은 생각을 하는지 모르고 말도 행동도

그냥 튀어나와서 주먹구구 삐죽빼죽 엉성하기 그지 없다.

버퍼링 심하고 로딩 늦고 셧다운 되어버리기도 하고

머릿속 마음속이 복잡다단한 상태에 돌입해.

그래서 "됐어" "냅둬" "알아서 할게" 이 3종 세트로

돌려막기 하면서 일단 자기 보호막으로 쉴드를 치는 거지.

헌데 그 말 절대 곧이 곧대로 들으면 안 돼.

지가 뭘 어떻게 다 알아서 하겠어?

암것도 하지 않지. 그 무엇도 되지 않고.

이젠 "우리 아가 너무 이뻐" 같은 칭찬이 택도 안 먹히기

시작한다.

슬슬 자신을 약자로 표현하면서

부모가 통제하는 것 중 자신이 답답한 걸 피력하기 시작해.

그래도 이때까지는 몸싸움은 없어.

꽃길에 해당돼.

이곳은 사바나, 정글, 사막지대, 아프리카 밀림, 야생…

인간의 대화는 사라지고 짐승과 괴수의 대화가 시작된다.

"다른 애들은 맨날 모여서 밤새서 놀고 스마트폰도 다 사주는데

엄마는 아무것도 못 하게 하면서!"

자기의 약점을 최대한 불쌍히 포장하며 부모와 부딪히고

갈등이 폭발해.

"아 진짜 알아서 한다고!" 하~ 지가 뭘 알아서 했는데?

"(문 꽝!) 바람이 세게 불었어" 그것도 하루이틀이지!

"내 친구들은 하고 싶은 거 다하거든" 그럼 그 집 가서 사시든가!

격렬한 몸싸움도 일어난다. 70~80%의 확률로!

엄마가 먼저 때리거나. 애가 먼저 때리거나.

요 때 아이는 그런 맘을 먹는다.

'잘못 태어났다. 엄마를 잘못 골랐다.'

휘리릭 획획 집 나가서 누굴 만나는지 잘 안 들어와.

밥 먹을 때만 만나서 서로의 존재를 확인하는 시기.

방문 '똑똑' 하면 그제야 기어나오는 시기.

하루하루 못되지니까 오늘의 내 아이가 제일 착하다고 보면 돼.

내일은 더 나빠지거든.

어디서 나쁜 거 주워 먹고 다니니까 오늘의 내 아이가 가장

날씬하다고 보면 되고. 내일은 더 뚱뚱해지거든.

잠자리 들 때마다 '오늘 가장 착했고 날씬했던 내 새끼 안녕!'

하고 인사해주렴.

결(結), 사춘기의 마무리.
애도 부모도 내려놓을 거 내려놓는 시기.

고양이처럼 하악질 하고 캭캭 거리던 애가

힘든 걸 슬그머니 얘기하고 대화가 조금씩 되기 시작해.

애도 엄마한테 하악 거리고 집 나가는 거 지치잖냐.

엄마도 교만, 자만이 와르르 무너져서 겸허, 겸손해지는 시기라

갈등이 잦아들고 파국으로 치닫았던 관계가 재정렬돼.

아이가 친구 사례 살짝 빗대서 대화의 물꼬를 틀 때

엄마도 아이 얘길 들어줄 준비가 돼있어야 해.

"내 친구는 이렇다던데 어떻게 했음 좋겠어?"

"그래? 나도 옛날에 그랬다가 엄마한테 처맞았었는데…"

하고 아주 얇고 가는 고리로 대화가 이어지기 시작하면서

마음을 조금씩 여는 게 느껴져.

이걸 잘 넘기면 같이 순해지고 같이 성장하는 거다.

137억 년 전 우주 대폭발 빅뱅과도 맞먹는 개혁이랄까.

아이돌 노래를 같이 듣고 보고 감상평도 나누고

애가 숨겨놓으려던 불닭볶음면 같이 먹으면서

엄마도 아이의 세계에 들어가고, 아이도 엄마의 세계에

조금씩 발을 들여.

그렇게 얇고 약하고 가느다란 실이 점차 꼬이면서

굵어지기 시작해.

이때 중요한 게 뭐다? 유머!

진지하고 강직하고 논리적으로 얘기하면

들어왔던 애 다시 나가는 거야.

스치듯! 가볍게! 웃기게! 개그스럽게!

그렇다고 슬렁슬렁 대충대충 들으란 얘긴 절대 아니다.

오랜만에 멀리서 온 귀한 손님 대하듯

정중하면서도 유머러스하게, 할 수 있겠지?

비극, 파멸의 시기를 또 다시 겪고 싶지 않잖냐.

"내 자식 손님 대하 듯 하라"는 말이

애 어릴 땐 '뭐래?' 싶었는데

비로소 '이 말이구나' 싶은 게, 귀에 들어오고 마음에 꽂혀.

이렇게 엄마의 마음 공부를 시켜주려고

사춘기라는 게 있는 건가 봐.

'봄을 생각하는 시기' 뜻을 알고 나니 놀랍지?

죽었다가 다시 봄이 오는, 애도 죽고 나도 죽었다가

다시 살아나는 시기!

그래서 사춘기에 같이 죽고 같이 살려면

다른 뭣보다 서로 곁에 있어야 해.

꼴비기 싫어서 유학 보내고 기숙학교 보내서

눈앞에서 치워버리지 말고, 응?

사춘기는 아이만 바꾸는 시간이 아니라

엄마를 어른으로 만드는 계절이고,

아이와 엄마가 동시에 다시 태어나는 시절이다.

아이 곁에 남아 있는 어른만이

이 계절을 '진짜 봄'으로 만든다는 사실 알아둬.

起
습관
태도
먹거리
버릇
인성
예의
뇌의 싱크홀
사춘기 시작
하.. 아까워 죽겠어

곰삭여져 있다가
꽃 피워 지니까
어디 보내지만 않으면
걱정 말고!
팍

承
됐어
전두엽
리모델링
냅둬
알아서 하긴
알아서 할게
아가 라고 하지마

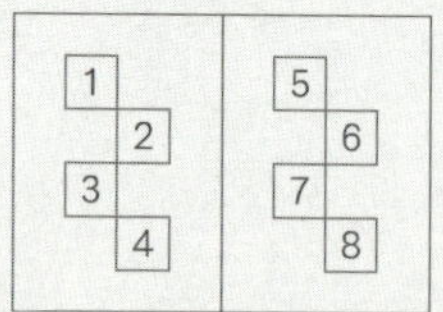

1
2
3
4
5
6
7
8

내 친구들은 하고 싶은거 다 하거든
그럼 그 집가서 사시든가!
轉

끼익
밥 먹을 때만 만나서 서로의 존재를 확인하는 시기
오늘 제일 착했고 날씬했던 내 새끼 안녕!-

結 사춘기의 마무리
엄마.
어, 어?
아주 얇고 가는 고리로 대화가 이어지기 시작하면서

마음을 조금씩 여는 게 느껴져.
내 친구는 이렇다는데… 어떻게 했으면 좋겠어?
그래? 나도 옛날에 그랬는데… 그래서

死 春 期
이때 중요한 게 유머
오랜만에 멀리서 온 손님 대하듯 해 봐.
죽었다가 다시 봄이 오다

짜증, 냉소, 회피는
기본값이다

아직도 실감이 안 나지?

'내가 낳은 애가 맞나?' '이걸 죽여 살려?'

이렇게 말할 순간이 온다는 게.

'설마 그렇겠어?' 하고 의심하는 백배 천배쯤 달라진다, 모든 게.

뇌가 달라지고 몸이 달라지고 맘이 달라지니

감정이 널뛰고 말투도 달라져.

하루하루 시시각각 순간순간.

애미 가슴 후벼파는 송곳 같은 말투에

뒷목 잡기를 하루 수차례,

내 나이 사십 줄에 (당시) 해놓은 게 아무것도 없는 것 같았다.

내가 자식이 많길 해? 재산이 넘치길 해?

딱 하나 있는 외동딸 육아마저 망쳤으니….

농담인 거 같지? 뻥인 거 같지?

뭘 이렇게까지 비약하나 싶지?

딱 기다려. 깜짝 놀라게 될 것이야.

한 마디를 해도 얼마나 기가 막히게 하는지 들어볼텨?

"아 왜 또?" "좀 그만해" "아 됐어"

"나중에" "몰라" "그냥"

"됐거든" "냅둬" "알거든요!"

"알아서 한다고! 쫌!"

"아니" "전혀" "네네네"

"아 또 시작이네" "맨날 저래"

"엄마도 그러잖아" "엄마나 잘하시지" "엄마가 뭐 다 알아?"

"하~ 꼭 해야 돼?" "다 똑같아"

"그래서?" "뭐 어쩌라고?" "아니라니까!"

"내가 뭘 그렇게 잘못했는데!" "왜 나만 못해?"

"왜 나만 그래야 돼?" "다른 애들은 더하거든"

"난 원래 이런 애야" "내가 뭐 그렇지" "기대도 하지 마"

"짧게 말해" "몇 번을 말해?" "그만하라고!"

"한다고!" "엄마가 말하니까 더 하기 싫어!"

"싫어, 안 해, 못 해!"

언어도 문제지만 비언어는 더 가관이다.

진짜 엄마 멘탈을 갈아버리는 게

애가 '말하는 내용'보다 '말하는 태도'일 때가 더 많거든.

물론 말조차 안 하고 '입꾹닫'이면 더 열받지.

부르면 고개 안 들고 눈 안 마주치고 고개 돌리기,

매번 바람이 불었다며 문 쾅쾅 닫고 방문 잠그기,

엄마가 말하는데 몸은 점점 더 멀어지고 어깨 벽쪽으로 돌리기,

말 끊고 딴짓하기, 하품, 기지개, 스트레칭, 코웃음, 피식거림,

고개만 까딱, 어깨만 으쓱, 일부러 더 밍기적거리기,

최고 경지는 대답 없는 오랜 침묵…

이런 행위야말로 가장 강력한 공격이자

엄마를 대폭발하게 만드는 기술이다.

참 많이도 싸웠다. 치고 박고 뜯고 던지고…

명색이 전국구 육아 강사이고 육아서 베스트셀러 저자인데

내가 잘못 키운 건가, 지금이라도 방향을 틀어야 하나,

당장 바로잡아야 할 것 같은데…

별의별 생각이 다 들지 않겠어?

애 잘못되기 전에 내가 미쳐버릴 것만 같았다.

이제 와 돌아보면 저 말 속에 아이의 감정이 훤히 보이는데,

그땐 한 박자 쉬고 워워~ 들숨 날숨 후후~ 쉬면서

왜 차분히 생각하질 못했니?

하나하나 다 받아치고 그때그때 죄다 반응하고

생지랄을 해댔으니….

아직 말로는 어설프고 행동으로 과격해진 사춘기라 그런 건데

나는 나고 내 영역이 있다는 걸 저렇게 피력했던 건데

똑같이 맞받아치면서 매번 전쟁을 치렀네 그려.

때론 애미가 잠시 물러나 있으면 시간이 해결했을 텐데

기분 좋을 때 가끔이라도 애 마음 다독이고 안아줬으면

더 좋았을 텐데 이제 와 보이는 걸 어쩌겠어?

그래, 이제라도 알게 된 것들 좀 풀어놔?

대체 왜 저렇게 말하는지 낱낱이 알려줘?

사춘기 말투 번역기 가동해줘?

"왜? 뭐? 또?" "아, 좀 그만해" "됐어, 됐다고"

→ 생각, 감정, 자극이 이미 넘쳐서 과부하, 추가 입력 불가

　　짜증 상태

"알아서 한다고! 쫌!" "냅둬" "진짜 됐거든요"

→ 기대했다가 실망시킬까 봐 먼저 끊어내는 거리두기 상태

"나중에" "몰라" "그냥" "아니" "네네"

→ 길게 말하면 더 커질 것 같아서 짧게 말하고 숨는

　도피, 회피 상태

"나도 다 알거든" "할 만큼 하거든요" "내 친구들은 더 하거든요"

→ 엄마의 지적이 듣기 싫은 자기 능력 어필, 자아 비대증 상태

"또 시작이네" "맨날 저래" "엄마도 그러잖아" "엄마나 잘하시지"

→ 자기 잘못은 인정하지 않고 상대의 실수를 비아냥대는

　맞공 상태

"왜 나만 못해?" "왜 나만 그래야 돼?" "다른 애들은 다 하거든"

→ 또래 집단에서 자신의 상황과 약점을 피력하는 억울함과

　분통 상태

"난 원래 이런 애야" "내가 뭐 그렇지" "기대도 하지 마"

→ 스스로를 먼저 낮춰 상처를 예방하는 자기 비하형 냉소 상태

"그래서?" "뭐 어쩌라고?" "내가 뭘 그렇게 잘못했는데!"

→ 지도 지 잘못을 알지만 인정하고 싶지 않은 배 째라식

　무논리 상태

"꼭 해야 돼?" "다 똑같아" "그게 아니라니까!"

→ 하기 싫으니까 어설픈 논리로 무장해 빠져나가 보겠다는
   투쟁 상태

"짧게 말해" "몇 번을 말해?" "그만 좀 하지!" "엄만 뭐 다 알아?"

→ 이미 찔려서 자신의 죄책감을 숨기는 과장된 방어 상태

"할게, 한다고!" "자, 봐, 됐지?"

→ 말만 긍정이고 대충 하는 척만 하겠다는 반항 상태

"엄마가 말하니까 더 하기 싫어!" "싫어, 안 해, 못 해!"

→ 선택권은 자신이 갖겠다는 통제에 대한 강한 명령 거부 상태

"⋯⋯⋯⋯⋯."

→ 뭔 말을 해도 안 통할 걸 알기에 침묵으로 관계를 끊고 싶은
   상태

지들도 불안하겠지, 두렵겠지, 찔리겠지.

보이는 것도 많아지고 아는 것도 무한대로 확장될 때구.

그리고 뭣보다 참 외로울 거야.

근데 제일 가까운, 세상에서 제일 따뜻하게 안아주고

보듬어줘야 할 엄마가

저렇게 지적하고 추궁하고 들춰내고 다그쳐대니

어쩔 수 없이 복잡다단한 감정이 불쑥 올라오고

저런 말이 툭툭 튀어나왔겠지.

엄마라는 작자가 이걸 하나~또 몰라줬으니

저렇게 바락바락 대들고 악을 악을 썼겠지. 에휴~.

너희들은 그러지 마라, 진짜.

나는 옆으로 걸어왔으나 너희들은 앞으로 걸어가거라.

- 김꽃게 선생이 -

확대 해석으로
일 키우지 마

사춘기 거짓말 대처법

"최하은! 엄마가 너 그렇게 키웠어? 허구한 날 엄마 속이고
숨기고 거짓말하라고?"

"……"

"왜 날 속이는 건데 자꾸!"

"……"

"책 많이 읽고 똑똑해지면 뭐해? 부모를 속이고 기만하고 사기
치는 애로 컸는데…. 내가 이렇게 키우려고 밤새 목 터져라 책
읽어준 줄 알아? 너 이렇게 클 줄 알았으면 나 그 고생 절~대 안
했어."

"엄마 미안해."

"미안하면 다야? 왜 매번 반복하는데? 엉?"

"……"

퇴근 후 현관문을 열고 들어서자마자 '훅' 하고 풍기는

라면 냄새,

날도 추운데 난데없이 휑하니 열어놓은 거실 창문,

생전 반겨주는 일 없던 애가 어색하게 종종종종 튀어나와

"엄마 왔어?!" 하는 게 벌써 싸하다.

"뭐 먹었어?"

"아니."

"저녁 뭐 먹을까?"

"나 속이 좀 안 좋네. 엄마만 뭐 챙겨 먹어. 내가 차려주까?"

'저거 저거 또 거짓말하네. 하~ 오늘은 그냥 넘어가자 선미야,

제발. 또 싸우는 거 싫다. 피곤해.'

하지만 결국…『침대밑 변사체로 발견된 불닭볶음면 깍대기

사건』을 호되게 치르고,

다음날 아침 처참하기 그지없는 얼굴과

퉁퉁 부은 눈으로 각자의 일터와 학교로 향한다.

톰 크루즈 주연의 영화「엣지 오브 투모로우」싸다구 날리는

반복 또 반복의 무한 루프 시나리오를 지긋지긋하고도

완벽하게 똑같이 시연한다. 샤갈~.

귀가시간, 옷, 화장품, 친구, 편의점, 배달음식, 노트북, 핸드폰

다양한 듯 다양하지 않은 아이템으로

매번 나를 빡치게 만들었던 사춘기 하은이의

거짓말, 거짓말, 거짓말….

으으으으~.

정말 지겹고 못 살겠고 미치고 팔짝 뛰다 죽어버리겠었다.

애미 공든탑 다 무너뜨리고, 쌓으면 또 한순간에 짜부라뜨리고,

또 다른 '거짓말 + 숨기기'로 애미를

골탕 먹이고 수시로 능멸한다.

난 책을 열심히 읽혔음에도 자녀 양육을 온전히 말아먹은 거

같은 허망함에 수시로 치를 떨어야 했다.

하은이도 그랬다.

지금은 너무나 잘 자라서 어엿한 사회인이 된 하은이도….

단언컨대 거짓말 안 하고 넘어가는 사춘기는 없다.

놀라운 얘기 하나 해줄까?

아이는 아주 어릴 때, 심지어 만 2세부터

거짓말을 하기 시작한다는 거.

자기 행동을 숨기고 자신이 유리한 상황을 선점하려고

말을 꾸미고, 덧붙이고, 다르게 하는 거다.

그 시절엔 빤히 보이니까 마냥 귀여워서 웃고 넘어간 건데

사춘기 거짓말은 너무 구체적이고 깜빡 속을 만큼

묘하게 애미를 맥이니까

이대로 쭉 거짓말해대는 비윤리적 사기꾼 어른으로 클까 봐

천배 만배 확대 해석해서 애미가 일을 키우는 거지.

응, 그래. 내가 그랬다고.

그래서 수시로 푸닥거리를 했다는 거 아니냐.

근데 거짓말은 사춘기 아이에게 너무도 자연스러운 현상이다.

부모 자식 사이라지만 둘 사이에 경계가 뚜렷해지는 시기고

필연적으로 기대와 현실 사이에서 괴리가 생기고

갈등이 생길 수밖에 없는 때 아니냐.

이때 하는 거짓말은 사실 본능적 선택이고 생존 전략이지

비윤리적 행동은 아니란 거다.

사실은 그래야 이 너른 세상 이겨 먹고 살지. 안 그래?

따라서 사춘기 '거짓말 + 숨기기'는 영유아기 징징대기,

손가락 빨기만큼 흔하고 당연한 거고

자연스러운 성장 과정의 아웃풋 중 하나일 뿐이다.

옳은 것도 그른 것도 뭣도 아닌, 그냥 모든 아이들이 거쳐가는 것.

내 자식을 잘 키워내고 싶은 애미에겐

청천벽력 같은 고통이자 괴로움이지만

아새끼들에겐 그냥 코 파먹으면서 '어? 그때 내가 왜 그랬었지?'

하고 넘어갈 별거 아닌 행태라는 거다.

중요한 건 아이의 거짓말을 대하는 엄마의 반응과

그 이후의 엄마의 태도에 있다.

이 사실에 근거해 엄마 레벨을 세 단계로 나눌 테니 잘 봐.

어느 단계에 속하는지.

상,

가장 멋쟁이 엄마는

그냥 모른 척하고 넘어가주는 울트라 초우주 코스모스

사이언스신급 엄마.

중,

그나마 좀 나은 엄마는

눈치챈 거 다 티내고 모른 척하다가 결국 대폭발하고는

석고대죄 사과하는 엄마.

하,

꼴찌 엄마는

사감선생, 수사반장, X파일 멀더, 스컬리 빙의해서

철저 수사 증언 얻어낸 후 애 조지고 낙인 찍고 사과도 안 하는

엄마.

"당신은 어느 역사에 이름을 남길 텝니까?"

「밀정」 이병헌의 물음에 넌 뭐라고 답할 게냐.

나는 2번!

1번이었던 적은 하은이 인생 중에 한두 번?

솔직히 우리도 거짓말 얼~~~매나 많이 하면서 컸냐고,

소싯적에.

맨날 띵까고 뻥치고 속이고 숨기고 싸돌아다니고 그랬잖아.

아무리 그리 싸돌아다니고 엄마를 속여싸도

먹고 살기 바쁘고 일터 나가 돈 벌기 바빴기에

우리를 족치고 처잡을 기운조차 남아 있지 않아서

본의 아닌 모른 척, 모르쇠로 일관할 수밖에 없었던 거다.

목구멍이 포도청이라, 에효~.

그 고단함과 의도적인 빈틈 덕에

우리가 저 옆길, 샛길, 갓길로 질주하다가도

다시 반듯하게 제자리로 돌아올 수 있었던 거 맞잖아.

그냥 눈감아줘. 그게 남는 장사야.

응당~ 맞당~ 고도리~.

애는 원래 책 잘 안 읽고

말 드럽게 안 들어 처먹고

안 했으면 하는 짓만 해대고

게으르고, 밍기적거리고, 잠만 자고, 안 씻고,

지 할일 안 하고, 약속은 개똥으로 알고,

스마트폰 사달란 말만 종달새처럼 반복해. 원래 그래.

뒷목 잡을 일이 수시로 일어나는 사춘기 집구석,

속으로 라떼 두 잔 우려내며 허벅지 꼬집으며 참아내거라.

이래저래 계산기 두드려봐도 그게 남는 장사야.

길게 말할수록
파국이다

사춘기 대화 금기어

장면 1.

"하은이 너 그딴 식으로 할 거면 여기 살지도 마. 싹 다 하지 말고 나가, 나가라고. 그래 나도 이판사판 공사판이다. 나도 참을 만큼 참았고 할 만큼 했어!"

"하, 엄마나 잘하시지. 맨날 술 먹고 들어와서 화장도 못 지우고 자면서…. 그짓말하고 안 지키는 게 누군데? 김선미 씨!"

"그래 그래. 너도 나도 엉망진창이다. 너는 너대로 살고, 나는 나대로 살자. 그만해, 그만해."

"그니까 엄마가~"

"엄마라고 부르지도 마."

"또 시작이다. 또 시작이야. 저러고서 다음 날 미안하다고 편지 쓸 거면서? 안 힘드냐? 손 안 아파? 나도 할 만큼 한다고."

"할 만크음~? 허~! 니가 한 게 뭐 있는데? 힘든 게 뭔데? 내 이럴 줄 알았어. 너 그러다 인생 망해. 그 노력으로 뭘 바래?"

"나 정도면 엄청 잘하는 거거든!"

장면 2.

"왜 대답을 못 해? 이것도 몰라? 지금까지 한 건 뭐야? 책상머리에 앉아서 한 게 뭐냐고?"

"내가 알아서 할게. 제발 쪼옴! 알아서 한다고."

"뭘 알아서 하는데? 알아서 한 게 이거야? 너 집중듣기는 했어? 했냐고? 너 오늘두 안 했지? 귀신을 속여, 또 누굴 속여?"

"내가 안 한댔어? 이거 먼저 하고 한다잖아. 다 한다는데 왜 난리야?"

"네가 언제 다 했어? 니가 다 선택하고 약속해놓고 왜 책임을 못 져? 하겠단 말을 하질 말든가."

"그래서 엄마는 다해? 안 하잖아. 엄마도 안 하면서 왜 나한테만 그래?"

"보자 보자 하니까 너 진짜~ #$&#*@$%()@*#$_@…."

아이 사춘기 때 절대로 해선 안 될 말? 뭘 따로 찾냐.

다른 책 뒤적거릴 것도 없다.

딱 이 두 장면에 다 나와 있구만.

존재 부정, 감정 투사, 책임 전가, 고통 비교, 분노 표출,

감정 삭제, 미래 낙인, 인지 공격, 수치심 자극,

의심, 조롱, 공격, 강요, 차단, 협박….

이런 말만 빼놓고 다 해도 애랑 관계 망칠 일 없어.

아이를 움직이게 하려다 스스로 생각할 힘을 부숴버린 말,

정서적 안전망을 하나씩 끊어내고 관계를 단절하는 말,

이런 말만 안 해도 애는 잘 커. 최소한!

그래, 내가 다 했어.

하지 말아야 할 말 죄다 끌어다 다 했다구, 내가.

사춘기 아이는 아직 설명도 서툴고 계획도 허술하고 결과가

느린 건데 그게 당연한 건데

마음만 바빴던 애미는 서둘고 족치면서

왜 진득이 기다려주질 못한 건지….

그 과정 자체가 성장 중이라는 증거인데

지도 크느라 애쓰는 중인데

단언컨대, 하은이 잘 자란 거 그야말로 기적이야.

저런 말 다 듣고도 다음날이면 멀쩡히 자기 할일 하고

후회와 반성으로 절절히 써내려간 내 사과 편지 또 받아주고.

에효~.

뭐 나라고 그러고 싶었겠냐?

그러고 싶어서 그러는 부모가 어딨겠냐.

진짜 징글징글하고 악에 받쳐서

싹 다 때려치우고 사라지고 싶은 날들 무지 많았다.

포기하면 너~~~무 편하지. 내가 왜 몰라.

근데 그건 직무유기잖아.

나도 죽어라 일하느라 밖에서 보내는 시간이 대부분이고

하은이가 사교육을 했길 해? 학원을 뱅뱅 돌리길 했어?

그나마 최소한으로 애 할일 정해놓고 서로 약속한 건데,

그래 하겠지, 내일은 지가 알아서 하겠지,

그렇게 믿고 참고 어르고 달래고 지켜보고 기다리다

쌓이고 쌓여서 폭발하니까 저 지경이 됐던 거다.

사춘기가 아이 인생에서 가장 흔들리는 시기인 거 알지, 나도.

정체성도 흔들리고 감정도 요동치고 몸도 마음도 다 바뀌잖냐.

근데 여긴 한국이잖아. 이 시기에 뭘 해야 해?

결과를 내야지. 짠하지만….

아이 인생의 가장 불안정한 시기에 가장 안정적인 결과값을

내놓으라고 하는 현실.

그 부담과 불안과 현실적 괴리감.

애도 느끼겠지만, 부모가 더 예민하게 실감하지 않겠어?

이 냉정한 현실을 아이가 부모보다 더 많이 알 순 없잖냐고.

이게 바로 모든 주도권을 완전히 아이한테

죄다 넘길 수 없는 이유야, 아직은.

'미성년자'라는 게 그런 거고.

아직은 연습이 필요하고 관리가 필요하다고.

네네, 변명이 길었고요.

결론은 나처럼 '말이야~ 막걸리야~' 아무말이나 저렇게

지껄이지 말고 되도록 이렇게 말해.

나는 다 지나서야 '이렇게 말할 걸⋯' 하고

후회로 점철된 인생을 살지만,

현명한 애미라면 이렇게 고쳐 말하고

서로 상처 없이 벨벳처럼 보드랍게 통과하라고.

"왜 책임을 못 져?" 대신에 "어디서 막혔는지 보자".

"이것도 몰라?" 대신에 "생각 정리되면 말해줘".

"왜 대답을 못해?" 대신에 "이따 얘기하자".

"이 집에서 나가" 대신에 "일단 각자 방으로 가서 진정하자".

"나도 이판사판 공사판이야" 대신에 "엄마도 지금 한계야".

"지금까지 한 건 뭐야?" 대신에 "여기서 뭘 더 보완하면 좋겠어?".

"알아서 한 게 이거야?" 대신에 "지금부터 네 계획이 뭔지

들어보자".

"니 친구들 다 하는 거 왜 못해?" 대신에 "네 속도는 어느

정도라고 생각해?".

"너 또 해야 할 거 안 하지?" 대신에 "지금까지 한 거랑

아직 남은 거 구분해보자".

"너 그러다 인생 망해" 대신에 "이렇게 하면 네가 원하는 결과가

안 나올 수도 있어, 엄마는 그걸 말해줄 의무가 있고".

쓰면서도 어색해 뒈져불겄네. 도통 안 써본 말이라….

저렇게 말하는 거 도~~~무지 도~~~저히 안 되겠지?

그치. 저게 자동으로 되면 놀라운 자기 절제력, 감정 조절력,

교양까지 싹 다 부러울 따름이고요.

가장 현실적 대안? 당분간 짧게 말하는 거다.

길게 말하면 파국이다.

서로 좋을 게 없어. 특히 절정기 때는!

내가 체면 무릅쓰고 다 까줬잖냐?

사춘기 파국 대화, 훤히 들여다봤잖냐?

웬만하면 참고, 꼭 할 말만 간단히!

입은 닫고, 지갑을 열어!

사춘기는 그런 시기야. 알겠냐?

사춘기 아이에게 독이 되는 말

그렇게 한다고 되겠니?	알아서 한 게 이거야?
너는 너대로 살고, 나는 나대로 살자.	너 또 해야 될 거 안 하지?
에휴~ 이럴 거면 하지 마.	그게 말이 된다고 생각해?
내가 뭐가 있니? 난 너밖에 없어.	넌 항상 이게 문제야.
돈 잘 버는 직업이면 돼.	도대체가 집중을 못 해.
너 왜 이렇게 게을러?	니가 뭘 안다고?
너 친구들 다 하는데 왜 못해?	난 이제 지쳤어 포기할게.
이것도 몰라?	이 집에서 나가~~.
왜 대답을 못 해?	포기할게. 싹 다 때려쳐.
지금까지 한 건 뭐야?	맨날 핑계야.

사춘기 아이에게 약이 되는 말

일단 한번 해봐. 아니면 말고.	생각 정리되면 엄마한테 말해줘.
그럴 수도 있지.	말리지 마. 난 더 좋아!
처음인데 이 정도면 잘했지.	네가 결정해도 돼.
엄마는 항상 네 편이야.	여기까지 한 것도 대단한 거야.
다시 해보면 되지. 뭐가 문제야?	엄만 널 믿지.
이번엔 뭐가 제일 어려웠어?	나도 네 나이 때 그랬어.
어떻게 도와주면 될까나?	지금도 충분히 잘하고 있어.
시간 좀 걸려도 괜찮아.	네 생각은 어떤데?
네 방식이 괜찮은 거 같은데?	우리 시간을 정해보자.
어디서 막혔어?	이번에 알았잖아. 그걸로 된 거야.

드디어
가능해진 건가

최상위 레벨의 공감 대화법

'도대체 뭘 어떻게 말해야 애가 듣는 거지?'

그래, 어렵지. 어려워.

처음 겪는 사춘기, 지도 힘들겠지만 엄마도 무지 어렵다.

논리적으로 설명하면 튕겨 나가고,

잔소리하면 문 닫고 들어가고,

조언하면 '알아서 할게' 이 한마디로 대화 종료!

어느 강연장에서 한 엄마가

"사춘기인지 아닌지 어떻게 알아요?" 하고 순진하게 묻는데

그럼 아직 안 온 거다.

눈에 악귀가 씌이는데 어떻게 부모가 몰라?

헤까닥 돌아간 눈, 시퍼렇게 뜨고 버럭버럭 대드는데

한마디 한마디가 조목조목 기가 막힌데 어떻게 몰라.

이걸 어른 입장에선 '말 안 듣는다'고 표현하는데

놓치는 게 하나 있어.

무조건 안 듣는 게 아니라 '듣기 싫은 말'을 안 듣는 거다.

더 유식하게 표현하면 '날 공감하지 않는 말'을 차단하는 거다.

말했잖냐. 사춘기 뇌는 감정 엔진은 풀가동인데

이성 브레이크는 아직 덜 달린 상태라고.

아직 덜 성장한 뇌가 '반성'보다 '반항'을 선택하는 건

어쩌면 당연하다.

근데 엄마들이 가장 많이 하는 실수가, 애가 뭔 말을 하면

듣자마자 감정적으로 반응하거나 문제를 해결하려 드는 거.

"공부 진짜 하기 싫어"라는 말이 애 입에서 나오면

"니가 뭐 한 게 있다고? 지금 하기 싫다는 말이 나와?" 하거나

"지금 자세가 그러니까 하기 싫지, 나라도 하기 싫겠다, 똑바로

앉아!" 하거나.

이 대화는 영원히 서로를 이해할 수 없는 곳으로 흘러가버린다.

애가 뭔 말을 하든 일단 요 세 가지로 시작하려고 노력해 봐.

"진짜?" "정말 그랬겠다" "그럴 만하네"

이것부터다.

아무리 기가 막히고 코가 막혀도 요령껏 잘 뚫어가며

심호흡 길게 하고 요 세 마디로 돌려막기 해봐.

무조건 애 입장에서 100% 공감하라는 뜻이 아냐.

애 말만 너무 다 들어줘도 문제 돼.

일단 듣기 좋게 물꼬를 트고 공감하는 척이라도 해야

뭐라도 묻고 대답하고 대화가 오가야 원하는 게 먹힐 거 아냐?

순서가 중요해. 공감 나중에 하려면 기회는 없어.

대화가 시작조차 안 되는데 공감을 언제 하려고? 택도 없어.

공감 먼저! 잔소리 나중에!

그래야 쬐끔 먹힐까 말까다.

안 그러면 이빨도 안 들어갈 거야.

그리고 애미가 지나치게 감정적으로 반응했거나

누가 봐도 내 실수고 내 잘못일 때, 판단 잘못 했을 때,

다음날 애한테 꼭 사과해라.

입이 정~~ 안 떨어진다고? 손편지 써. 뭐 어려워?

사과 편지 줄창 쓰다가 글쓰기 실력 팍팍 올라붙은 내 얘기 좀

풀어줘?

애 실수는 뭐 하나를 넘어가지 못하고 조곤조곤 족치면서

애미 실수는 괜히 말 돌리고 슬쩍 넘어가 버릇하면

애는 이거 아주 정확하게 알아채.

'엄마 저거 인정 안 하는구나. 왜 나만 이래야 돼?'

아무리 "널 위해서 그런 거다"는 말로 그럴듯하게 포장해도

애가 절대 모를 수가 없고 반항심 커져서

서로 사이 점점 멀어지는 단초가 돼.

어른조차 실수할 수 있고, 감정적으로 말할 수도 있고,

때론 판단을 잘못할 수도 있다는 걸 인정하는 건

아이한텐 아주 중요한 메시지가 된다.

'사람은 실수할 수 있지만 그걸 책임지는 게 어른이라는 것'.

그러니까 권위 떨어질 것 같고, 체면 구기는 것 같고,

아이 기세등등해질까 괜한 걱정 근심 개나 주고

'암쏘 쏘리 버달러뷰~' 화끈하게 사과해.

공감 대화와 진심어린 사과를 넘어서는

최상위 레벨 대화법이 있다.

산전수전 다 겪어야 비로소 가능해진다는 이름하여

'선빵 대화법'!

애 감정을 이해하고 받아주는 공감을 넘어서

내가 애보다 더 좋아하고, 더 슬퍼하고, 더 신나 하며

기쁨도 슬픔도 내가 더 많이 표현하는 거다. 선빵 날리듯이!

그럼 희한하게도 부정적 감정은 더 빨리 사드라들고

긍정적 감정은 더 오래 증폭된다.

어떻게 알았냐고? 믿어도 되냐고? 증~말 속고만 살았나.

얼마 전에 하은이랑 둘이 중국 상하이 여행을 다녀왔거든.

어마무시한 스케일의 나라, 그중에서도 상해라는 도시는

그야말로 메가시티!

여기가 유럽이야? 미국이야?

믿기지 않는 세련된 풍경의 연속이었고,

고스란히 보존된 옛것과의 조화로움이 압도적이었다.

요즘 왜 전 세계 핫 플레이스로 뜨는지 인정!

물론 상해 구석구석을 알차고 풍성하게 즐기게 해준

프라이빗 퍼스널 일대일 여행 가이드 최하은 씨 덕분이었지, 암.

나 혼자 갔어봐, 중국어 1도 모르니 택시도 못 타, 길도 못 찾아,

호텔도 못 찾아, 맛집, 미술관이 웬 말이야~.

엄동설한 그 추위에 그지 꼬라지로 짐 낑낑 이고 다니며

철철 울다 공안에 잡혀가 국밥 한 그릇 은어먹고 풀려났겠지.

많은 부분이 우리나라보다 발달한 디지털 도시라

현금 사용 전혀 안 되는 건 기본이고,

택시, 전철도 모두 휴대폰으로 통과 및 결제,

레스토랑 검색과 예약, 온라인 예약 대기까지

실시간 인터넷으로 진행하고 확인하며 가야 하는 터라

울트라메가 초디지털녀인 최하은 씨 옆에 나는 그야말로

몸땡이만 큰 신생아였다.

정말 무식이 충만하고 머릿속이 순수해서

몹시도 고분고분하게 애 팔짱 꽉 끼고 잘도 따라다녔다.

가끔 어릴 때 스마트폰 안 쓰고 살아온 하은이의

디지털 활용 방안과 실태에 대해 궁금해하거나

의심하는 분들이 계신데,

현재 디지털 기기나 앱, AI 등 그냥 코 파면서 씹어 먹고요.

특히 20년 가까이 아날로그로 살아왔기에

디지털 활용이 더더욱 자유자재로 된다는 걸

확신하게 되는 바이다.

명심 또 명심!

택시, 전철 야무지게 잘 타고

쇼핑도 하고 미술관도 감상하다

대륙의 훠궈 먹고 나서 설렁설렁 걷다가

너무 추워서 내뱉은 말!

"하은아, 너무 춥고 다리 아픈데…

우리 그냥 택시 타고 호텔 드가까?"

"이대로 들어가서 자버리면 돼지 돼."

맞는 말만 골라 하는 우리 딸!

그렇게 씩씩하게 걸어 당도한 예원의 야경이 압권이었다.

명나라 때 지어진 개인 정원인데, 규모가 어마어마하고 조명이

아름다워 황홀할 지경이었다.

안 보고 자버렸으면 못 봤으니 억울함도 모르는 돼지가

되었겠지.

이래서 엄마 말, 아니 아이 말은 꼭 들어야 한다는!

여행 다니며 하은이가 5분마다 했던 말이 이거다.

"엄마, 나 너~~무 기분 좋아!"

그래, 모두에게 알려진 옳은 배려의 대답은 이거겠지.

"우리 딸이 기분 좋구나, 네가 좋다니까 엄마도 좋으네."

허나 난 요래 답했다.

"엄마, 나 지금 너~~무 기분 좋아."

"난 미치게 재밌어!"

"엄마, 나 지금 너무 행복해."

"난 돌아버리게 행복해!"

"나 지금 진짜 신나!"

"그래 뵌다. 지나가는 강아지가 봐두."

"엄마 다리 안 아파? 좀 쉬다 갈까?"

"벌써 다리 아프냐? 나약한 인간 같으니라구!"

"⌒＿＿＿＿＿⌒"

애랑 3박 4일 한몸같이 붙어 있으면서 터득했다.

진짜 배려는 앵무새 화법도, 배려의 대답도 아니라는 걸.

그냥 내가 얼마나 좋은지, 즐거운지, 행복한지

한껏 표현하는 것. 진심을 다해! 선빵 날리듯이!

때론 좀 오버해도 된다. 호들갑 좀 떨면 어때?

돈이 드냐? 어디 스크래치 나? 다 공짜다.

진짜 윗단계, 최상위 레벨의 공감 대화법이 뭔지

다 늙어 상해까지 가서 겨우 깨달았다. 휴~.

같이 좋아하고 같이 기뻐하고 때론 같이 화내고 짜증 내면서!

애가 으레 느낄 법한 감정을 먼저 표출하는 것만으로

애랑 나랑 동지애가 생기고 친밀감은 급등한다.

사춘기 애들이 친구 찾는 게 바로 이런 존재라서 그른 거 아니냐.

여행 길에 싸우진 않았냐고? 전혀!

가고 오는 길, 가서도 한번을 싸우지 않았다.

얼굴 1도 붉히지 않았다.

육아한 지 25년 만의 일이다.

애가 많이 좋아했다. 꽁냥꽁냥 깔깔깔 같이 잘도 돌아다녔다.

그래, 이런 날 온다니까! 분명 온다고!

여행 다녀와서 수다 떨다 누군가 그러더군.

그게 어디 여행이냐구. 푸닥거리 없는 여행이 그게 가짜지

진짜냐구? 상해 다시 갔다 오라며!

근데 다시 다녀온대도 즐거울 게 분명해. 신날 게 확실해.

내가 더 좋아하고, 먼저 행복하면 되니까.

애가 엄마 눈치를 보는 게 아니라 엄마 감정을 같이 탈 수 있게!

선빵 대화법은 엄마가 먼저 행복을 던지는 대화법이다.

애를 공감하는 게 목표가 아니라

그냥 엄마가 먼저 행복해하고 그걸 진심으로 표현해보는 것.

효과 좋다니까.

되니까 믿어라. 다들~.

2장

유도하더라도 절대 들키지 마

인생의 주도권 스스로 갖기 훈련

“밑작업을 해서라도
애가 선택하게 만들어”

멀어지는 게
당연한 거야

어릴 적 껌딱지처럼 붙어서 엄마만 찾던 애가

같은 집에 있어도 옆 방 입주자처럼 데면데면 얼굴 봬줄 일 없고

집 나가면 누구랑 노는 건지, 대체 뭘 하고 싸돌아다니는 건지,

도통 들어올 생각이 없으니

이건 거의 '남의 편' 행태나 다름 없다.

남편이 전화 안 받는 것도 지긋지긋한데, 애는 왜 또 안 받아?

에효~ 근데 받으면 또 뭐하겠어.

"아 왜?" "뭐?" "난 또 뭐라고" "알아서 한다고"

고작 이 말 듣자고 그 길고 긴 전화벨 소리를 고요히 기다렸던가.

전화선 너머 친정엄마까지 한마디 보탠다.

"애 키울 때 너 그렇게 유난 떨지 말라 그랬지?

거봐, 아무 소용 없다니까. 에효~ 쯧쯧~."

억장이 무너지고 인생이 무너지고 세상이 무너지는 것 같다.

내가 이렇게 취미가 없었던가?

내가 이렇게 친구가 없었던가?

내가 이렇게 할 수 있는 일이 없었던가?

육아하느라 미치도록 달려온 인생, 뒤돌아보니 남은 게 없다.

그래, 이건 '빈 둥지 증후군' 신호탄이다.

이제껏 나뭇가지 바지런히 물어다가 기껏 둥지 맨들어났드만,

자꾸만 둥지 밖으로 나가 서성대다 급기야 날아가게 생겼으니

덩그러니 남은 어미새 마음이 말이 아닌 거지.

그래서 내 새끼 평~생 끼고 있으려고? 안 날아갔으면 좋겠어?

왜 이렇게 보내주질 못하냐, 김선미!

참 커도 지랄~ 안 커도 지랄~, 잘 먹어도 지랄~ 안 먹어도 지랄~,

친구가 없어도 지랄~ 많아도 지랄~,

엄마랑 가까워도 지랄~ 멀어져도 지랄이다. 진짜!

잘 들어. 멀어지는 게 당연한 거야.

너무 지당하고 마땅하고 건강한 수순이라는 거다.

사춘기는 둥지 밖으로 나갈 준비 기간,

애 몸이랑 뇌만 바뀌는 게 아니야.

관계의 구조도 바뀌는 시기야.

어릴 때 아이의 세계는 거의 전부가 부모다.

부모가 기준이고 부모가 규칙이고 부모가 세상이다.

근데 사춘기 아이의 뇌는 새로운 질문을 던지기 시작해.

'내가 누구지?' '나는 엄마랑 같은 사람인가?'

'난 어떻게 살고 싶지?' '앞으로 뭐하고 살까?'

이 질문이 시작되면 필요한 게 부모로부터의 거리다.

부모로부터 좀 떨어져 봐야 자기 생각이 생기고

자기 기준이 생길 테니까.

문제는 아이가 아니라 엄마다.

자연스럽게 벌어지는 거리를 왜 견디질 못하니?

"왜 그래?" "엄마랑 얘기 좀 하자" "너 요즘 왜 그러는데?"

"엄마 무시하는 거야?" "엄마가 뭐 잘못했어?" "대답 좀 해!"

애가 생각이란 걸 하겠니?

아이 입장에서는 "숨 좀 쉬게 해줘" 이 말이 안 나오겠어?

애랑 관계 끝날 것 같고, 모 아니면 도 같고,

사생결단 담판을 짓자 해도 어차피 지금 안 끝나.

사춘기 육아의 핵심은 '거리 조절'이다.

적절하게, 교묘하게, 여우같이!

그니까 그거 어떻게 하는 거냐고?

지금 알려주잖냐.

내가 구르고 부딪히고 산전수전 공중전 다 겪고 찾은

'절충안'이자 '합의점'이자 '타협점'이니까 새겨들으렴.

사실 사춘기 아이는 두 가지를 동시에 원해.

간섭은 싫고, 안전망은 필요해.

그래서 쫓아다닐수록 더 도망가고,

가만히 있으면 어느 순간 슬쩍 다가온다.

그래서 가급적 고등 때까진 옆에 끼고 있으라고 하는 거야.

혹여나 맘이 떠났더라도 언제든 다시 돌아올 수 있게.

아이가 방문을 닫는다고 부모도 마음 닫아버리면 안 돼.

밥은 챙겨주고 불은 켜져 있고 집은 따뜻해야 돼.

"여긴 니 자리야" 그 메시지는 계속 보내고 있어야

때 되면 돌아와.

밖에서 깨지고 상처받아도 돌아오면 받아주는 둥지.

그게 집이고 엄마여야 해.

엄마가 아예 안 보이고 완전히 떨어져 있으면 맘 놓고 못 날아가.

등 뒤에서 지켜보고 있어야 안전지대 안에서 날갯짓 연습하다 훨훨 날아가지.

명심해. 거리 두기는 방치와는 완전 다르다는 것.

'사춘기 거리 조절 원칙' 둘,
빈 둥지 증후군 퇴치법으로 독서만 한 게 없다.

'애가 나를 무시해' '나랑 대화도 안 해' '예전 같지 않아'

아무리 애를 붙잡고 족쳐도, 남의 편이랑 상의해도

뾰족한 수가 없어.

비슷한 처지의 엄마들과 맥주를 마셔봐도 답은 없지.

답은 어디에 있다?

남이 아니라 내 안에 있고, 석학들이 쓴 책에 있다.

빈 둥지를 허망하게 바라보던 외톨이 시기, 나는 책을 폈다.

상실감 때문에 무라카미 하루키의 『상실의 시대』를 폈지만,

더 큰 상실감이 몰려왔다. 샤갈~.

깊은 상실감 속에 낮디낮은 내 수준을 받아들이고

온갖 다른 책을 뒤적거렸다.

그중에서 나에게 가장 큰 위로와 삶의 해법을 제시해준

대박 책 두 권.

루이스 L. 헤이의 『치유』와 마이클 싱어의 『상처받지 않은 영혼』

둘 다 미친 책.

나의 괴로움의 근원을 알게 됨은 물론

뭘 놓아버리고 뭘 소중히 쥐고 있어야 하는지 깨달을 수 있었다.

너를 알고 나를 이해하며 눈물 흘리며 아이를 기다리게 해준

고마운 책.

이때 나에게 책이라는 친구마저 없었다면

우울증, 공황장애, 불안장애로 진즉 한강에 뛰어내렸을 거다.

'사춘기 거리 조절 원칙' 셋,

뭘 해도 안 될 땐 그냥 때를 기다려.

아무리 노력해도 안 될 땐 아직 타이밍이 아닌 거다.

그니까 그냥 뭘 더 어떻게 해보려 하지 마.

더 힘들어지는 수가 있어.

지나고 보니 시간이 지나면 자연히 해결되는 일도 많아.

정해진 사춘기 시간표가 있어서 이럴 땐 이렇게 하라고

딱딱 정답을 알려주면 얼마나 편하겠냐?

근데 어른이 이렇게 한다고 해서

아이가 반드시 저렇게 따라오리란 법이 없잖냐.

아무리 지금 풀고 싶어도 아이는 안 그러고 싶다면

어쩔 도리가 있냐고.

해결되는 순간은 느닷없이 찾아와.

차 안에서, 밤늦게, 냉장고 앞에서, 같이 걷다가, 갑자기,

벼락같이!

가로 세로 복잡하게 엉망으로 엉켜있던 실타래가 풀리듯

먼저 말을 걸고 술술 자기 얘기를 시작해.

그때는 잔소리 닥치고 그냥 들어줘.

그게 사춘기 관계의 물꼬를 트는 황금 시간이니까.

사춘기 때 거리 조절 잘못하면 애랑 지구 끝까지 멀어지는 거다.

이 세 가지 거리 조절 원칙만 지켜도 한결 나을 것이야.

정 쿨하게 보내주는 게 안 되면

구질구질하게 궁상맞게라도 보내줘.

누가 뭐라고 안 그래. 나도 그랬어.

절대 애한테 하면 안 되는 바로 이 말

'그동안 어떻게 살았는데, 너만 보고 살았는데, 니가 대체 어떻게

나한테 이래?' 절대 입 밖에 내지 말고 속으로만 중얼거리면서.

찐득찐득 질척질척 아이를 뗀 것도 아니고 붙인 것도 아닌

'뗀 거인 듯, 뗀 거 아닌, 땐 거 같은 너~' 부르면서.

그렇게 마음으로 조용히 떠나보내면

언젠가 애 다시 돌아와.

다만 그때가 되면

어린애처럼 엄마 품에 폭 안기는 게 아니라

제법 어른 같은 얼굴을 하고 문 확 열고 들어올 거다.

"엄마, 밥 있어?" 하고.

육아하느라 달려온 인생
미치겠네
전화는 왜 안 받아
뒤돌아 보니 남은 게 없다

내가 이렇게 취미가 없었던가 친구가 없었던가 할 일이 없,.
난 누구지 어떻게 살고 싶지
텅
멀어지는 게 당연한 거야.

사춘기 아이는 동시에 원해.
간섭은 싫고, 안전망은 필요해

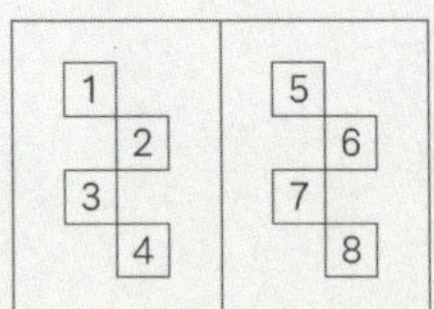

거리두기는 방치랑 달라.
등 뒤에서 지켜보고 있어야 훨훨 날아가지

애가 무시해?
대화도 안 해?
예전같지 않아?
답은 여기
책을 펴
사락

해결되는 순간은
느닷없이 찾아와
그때는 잔소리말고
그냥 들어줘

구질구질
궁상 맞게라도
보내줘.
그렇게
마음으로
떠나보내면
언젠가 ...

애 돌아와
다시.
엄마
얼추 어른같은
얼굴을 하고

유도하더라도
들키지 마

이제 와 슬며시 고백하자면,

하은이가 중학교 자퇴하고(정원 외 관리자) 홈스쿨링을 결정한 건

실로 내 전략적 개입과 밑작업이 지대한 영향을 미쳤다고 본다.

하은이 스스로 오래 고민하고 결정했다고 믿고 있고

아무리 과정이 힘들고 고돼도 지가 한 결정이라 밀고 나갔고

그리하여 결과적으로 연대 조기 입학이라는

믿을 수 없는 결과를 끌어냈으며

지금은 본인이 원하는 기업에서

하고 싶은 일 마음껏 펼치며 살고 있는데

이제 와 이게 웬! 애미가 숟가락 얹는 발언이냐고 할 수 있지만

잘 들어봐. 뭔 얘긴고 하니

하은이 초등학교 3~4학년쯤 언스쿨링, 홈스쿨링 관련 책을

30권 이상 독파하면서 나 스스로 맘을 먹었어.

'하은이는 학교 밖에서 공부하면 더 시너지가 나겠구나.'

왜 우리는 교육을 받을수록 멍청해지는지 뼈아프게 알려주는

존 테일러 개토의 『바보 만들기』와

같은 저자의 또 다른 저서 『수상한 학교』

그리고 예측할 수 없는 미래에 학교 안 모범생이

답이 될 수 없단 걸 알려주는

정선주 저자의 『학력파괴자들』

이 세 권이 그중에서도 가장 임팩트 있었고

세스 고딘의 『린치핀』이 마지막 잉크 한 방울을 똑!

떨어뜨리면서 맘속의 확고한 신념이 되어버렸다.

린치핀은 자동차 내부에 들어가는 기역자 모양의

아주 작은 부품인데 그거 하나가 없으면 차가 안 굴러가.

있어도 되고 없어도 되는 존재가 아니라

작은 핀 하나가 다른 여러 부품을 쓰임새 있게 만들 수도 있고

아예 무용지물로 전락시킬 수도 있는 거지.

그러니까 린치핀 같은 아주 중요한 인물이 되려면

학교 안 교육으로는 어쩔 수 없는 한계가 있겠다,

컨베이어 벨트 위에 똑같은 부품을 찍어내는 교육보다

좀 위험해 보여도 무한한 가능성을 품고 있는 학교 밖 세상에서

부딪히고 깨지면서 온몸으로 배우는 게

하은이한테 더 맞겠단 판단을 한 거다.

그렇다고 입 밖에 내진 않았어. 절대!

한 번뿐인 애 인생인데 신중 또 신중해야 하고

무엇보다 결정은 하은이 자신이 해야 하니까.

다만 부모는 최대한 많은 정보를 수집하고,

그 안에서 선택지를 엄선하고 추려서 애 앞에 펼쳐놔야 해.

애 인생의 결정적 시기에 애미가 할 일이 그거 아니겠어?

그렇게 밑작업한 기간이 한 4년쯤 걸린 거 같아.

애 입에서 "엄마, 나 학교 그만두고 홈스쿨링 해볼래!"

하고 스스로 결정하고 확신하기까지!

그 말이 나오자마자 난 속으로 덩실덩실 춤을 췄다.

단, 부모가 어떤 방향에 대한 확신을 가지고

아이를 유도하려면 한 걸음 물러선 거리에서

아이를 관찰하는 시간이 반드시 필요해.

사춘기 때 벌어진 거리만큼 아이도 생각할 시간을 갖겠지만

부모도 객관적으로 아이를 파악하는 과정을 꼭 거쳐야 해.

하은이는 어릴 적부터 워낙 책을 많이 봐서

배경지식이 풍성하다 보니

사교육으로 선행을 미리 뺀 적이 전혀 없음에도

어떤 과목이든 학교 수업을 따라가는 데 무리가 없었지만,

가끔 하는 얘기가 "수업이 막 재밌어지려고 하는데, 하다

말아버려"였다.

역사든 국어든 영어든 수학이든 과학이든 어떤 과목이 됐든

깊이 있는 얘기가 나오고 수준 높은 지식에 접근하려고 할 때

대략 줄거리만 쓱 훑고 중요한 것만 틱 짚고

그냥 끝내는 수업이 너무 아쉽단 뜻이었다.

깊이 있는 호기심이 파고들 여유를 주질 않으니

애 입장에선 몰입하다 끊기고 집중되다 마는 것 같아서

찝찝하고 아쉬웠던 거다.

근데 뭐 어째? 과목별 진도를 나가야 되는데.

시간이 지날수록 학교 수업은 단조롭고 쉽고 천편일률적이라

하은이의 지적 호기심을 충분히 채워줄 방식이

아니란 생각이 들었어.

또 하은이는 책 읽는 걸 너무 좋아해서 새벽 2~3시까지

이 책 저 책 막 파고들다가 아침에 일어나는 걸 힘들어했고

미술관, 음악회, 전시회, 박람회 등에 푹 빠져 있던 시기라

맘껏 자유롭게 다니고 싶은데

아무래도 학교 수업이라는 시간적, 공간적 제약이 있고

특히 중간·기말고사 같은 시험이랑 겹칠 땐

포기해야 될 때도 많아서 스스로도 참 많이 아쉬워했어.

나야 초·중·고 개근상에 모범생으로만 착실하게 살다가

점수 맞춰 불문과 선택하고 불어 한 마디 못 하는 성인이

되었다만 하은이는 이런 틀에 국한되지 않고

나로선 상상하지 못한 특이하고 발칙하고 도발적인 삶을

살 수 있을 것 같은데,

이 어디로 튈지 모르는 재기발랄함과 가능성을

학교 교육이라는 틀 한 가지로 쫌매기 너~무 아깝더라고.

언스쿨링, 홈스쿨링 한다고 해서 공부를 안 하고 덜 하고

줄이는 게 절대 아니다.

인생 공부를 선행하고, 세상 공부를 선행하는 거라

훨씬 어렵고 힘들어.

범위 없는 시험 공부를 기간 설정도 없이 해내야 하는 거니까.

특히 걱정스러웠던 건 슈퍼 EEEE 성향의 하은이가

너무 즐겁게 친구들과 어울리며 학교에 잘 다니고 있는데

좋아하는 친구도, 선생님도, 시스템도 없이

어린 나이에 홀로 시간 관리하며

외로움과 싸워야 하는 게 조금 망설여졌어.

그래도 득과 실을 따졌을 때 이쪽이 유리하다고 결론을 낸 거고.

하은이 사례가 당시엔 정말 파격적인 거였지만

요즘엔 많이들 관심을 가지다 보니

홈스쿨링에 대한 질문을 여러 경로로 받고 있는데,

이런 아이에 대한 확신과 파악이 선행되지 않으면

함부로 해선 안 된다고 강력하게 말해줘.

정말 신중해야 하는 문제라 나 역시 긴 시간에 걸쳐

'관찰 → 정보 수집 → 확신 → 방향 설정 →

유도 → 기다림 → 유도 → 기다림(의 무한 반복) → (아이가)결정'

이라는 과정을 거쳤고,

이 과정은 아이와 함께 진로를 설계하는 부모라면

누구든 적용할 수 있는 경로라고 생각해.

방향 설정 후에도 계속 수정하며 정확한 목표를

끊임없이 재설정해 나가는 중간 과정이 있을 수 있고,

최종 결정은 반드시 '아이가' 해야 한다는 것도 강조하고 싶어.

절대 쉽게 생각하면 안 돼.

특히나 아이가 학교 생활에 적응하지 못하거나

교과 학습을 피하려는 마음으로 홈스쿨링을 선택하면

더 큰 나락에 빠질 수 있으니

현시점의 내 아이를 객관적으로 파악하는 게 먼저라는 사실,

절대 잊지 마.

스스로 선택해야
탈이 없어

인생의 주도권 갖기 훈련

"우리 애는 되고 싶은 게 없대요."

"어떤 분야에도 관심이 없어요."

난 아이가 무기력한 것도 결과적으로 부모 탓이라고 본다.

잔인한 얘기 같지만 사실이야.

부모가 아이를 관찰하지도 않았고,

다양한 정보를 수집하지도 않았고,

애 앞에 선택지도 펼쳐주지도 않으니

아직까지 아~무런 분야에 관심이 없다고 '여기는' 거 아니겠어.

까놓고 애가 관심 있는 분야가 하나도 없을 수가 있어?

태어나서 지금까지 흥미로운 분야가 단 한 개도 없다는 게

말이 돼? 부모가 안 보고 못 본 거지.

애가 관심이 없는 게 아니라 부모가 관심이 없었던 거 아냐?

부족했거나.

부모의 경험이 한정적이고 판이 좁다 보니까

자기가 보고 자란 게 이것뿐이니까

다른 세상이 없는 거 같거든.

혹여라도 애가 음악·미술·체육에 재능 보이면

지레 겁먹고 뒤로 홀랑 나자빠지면서

"니가 김연아야? 손흥민이야? 지금 노력으론 택도 없고, 지금

재능으론 시작도 못 해. 이제 와서 뭐 어떻게 하려고?

천배 만배 더 열심히 해도 될까 말까야."

안 그랬니? 진짜 안 그랬어? (제 말입니다ㅜㅜ)

현실이 그렇다면 진짜 현실적 방안 마련해줬어?

가슴에 손을 얹고?

이거 저거 그거 싹 다 싹부터 잘라내고

재단하고 차단하다 보니까

결국 애가 무기력해지고 하고 싶은 게 없는 거 아냐.

이래 놓고 사춘기 다 지날 때쯤

뭘 새로 찾으려니 막막하기 짝이 없고 애랑 말도 안 하는데

꿈도 없고 공부는 더 싫어지게 된 거 아니냐고.

만약 상태가 이 지경이라면 솔루션은 하나야.

내가 16년 넘게 전국 강연하면서 멱살 잡고 외쳤던 말!

학원 보내고 다니느라 바빠 죽겠는데 뭐? 하며 넘겨버렸던

그 말!

"책부터 펴고, 애도 책 읽혀."

책 읽어야 하는 이유가 한두 가지가 아니다만

아이의 진로를 스스로 찾게 하는 데 이만한 방법이 또 없어.

예를 들어볼까.

애가 만약에 히가시노 게이고 추리소설에 빠졌다고 쳐봐.

거기 나오는 등장인물의 직업이 형사, 과학자, 사업가, 회사원,

스키어, 게다가 범죄자, 살인자까지 진짜 다양하고

그 직업에서 나올 법한 과학, 법학, 운동, 음악, 미술, 별의별

분야의 지식이 쏟아지고 가지를 뻗어나가며

스토리가 엮이고 진행되니까

그 여러 직업을 엿보고 사건도 추리하면서

'와, 멋있다. 내가 이런 직업이라면 어떨까?'

'정말 정말 재밌겠는데?' 하다가 심지어

'내가 이 주인공보다 더 잘할 거 같아' 이렇게 되는 거 아니겠어.

내가 가진 경험이 미약하고 지식이 짧으면 책이라도 많이

읽혀서 새로운 세계, 새로운 직업을 아주 다양하게

애가 접할 수 있게 해야 할 거 아냐.

정세랑 소설가의 『피프티 피플』만 봐도

종합병원을 배경으로 50가지 초단편 소설이 연달아 나오는데

의사와 간호사를 비롯해 환자와 주변 인물들까지

대거 등장하면서 마취사부터 청소부까지

정말 다양한 직업군이 묘사돼.

흥미로운 스토리를 따라가면서 이토록 다양한 직업 세계가

언급되는데 이 과정에서 관심이 1도 생기지 않는다는 건

불가능에 가깝다.

이 좋은 기회를 사춘기 때 놓치면

대체 애 인생에서 언제 잡을 건데?

사춘기 때 자기 인생 주도권 가져오는 훈련 안 해 놓으면

리허설도 못 해보고 인생 실전 시작되는 거야.

하다못해 연극 무대에 올라가기 전,

아무리 베테랑 배우가 수십 번 수백 번 연습해도

실수하고 삐끗하고 뭐가 안 될 수가 있는데

부모랑 있는 보호 기간에 아무것도 안 하고

세상 밖으로 휑~ 하니 내보내면

찬바람 쌩쌩 부는 현실 무대에 던져진 아이는

뭐 어떡해야 하는 건데?

그래 놓고 왜 이렇게 못하냐고 다그칠 거야?

연습도 없이 한 번에 잘하는 애가 있어?

그 몫은 다 애가 겪는 거야.

부모가 안 해줘서. 부모가 몰라서.

우리가 무대 장치 끝내주는 대형 연극을 보러 간다고 해도

공연은 1시간 반 남짓이면 끝나는데

그 무대를 준비하는 어마어마한 세트, 조명, 기계를 비롯한

무대 장치 준비하는 데는 사실 몇 달이 걸리거든. 1년도 걸리고.

배우의 역량도 물론 중요하지만

뒤에서 묵묵히 준비하는 과정이 있어야

공연하는 캐스트가 빛날 거 아니겠어.

어찌 보면 애미인 나는 아~무~도 눈치 못 챌 때

무대가 될 나무판자 하나둘 가져와 조립하며 꿈을 꾼 거다.

아이에게 도움 되는 정보와 지식을 지나가듯 툭툭 아주

자연스럽게 흘리면서…

아주 조금씩 차츰차츰 아이가 판단할 수 있는 환경을

만들어주면서…

"홈스쿨링 어때? 관심 있어?"

"이 책 좀 볼래? 엄마는 너한테 이 방식이 맞을 것 같아."

"이렇게 공부하면 너무 재밌겠다."

사춘기는 '주도권 이양의 훈련기'여야 해.

수십 갈래, 수백 갈래 진로 앞에서 모든 결정을 아이한테

맡겨서도 안 되고

그게 어렵다고 부모가 대신 선택해 주는 것도

결과적으로 위험하다는 뜻이야.

목적지도, 표지판도 없는 허허벌판 한가운데

아이 혼자 뚝 떨어뜨려 놓고

니가 다 정하라고 하면 아이도 정말 혼란스럽지 않겠어?

그렇다고 부모가 일방적으로 결정해 강하게 밀어붙이면

아이는 그 길을 가다가 포기하고 싶은 순간을 만나거나

실패의 조짐이 보이면 부모를 탓하게 돼.

"난 하기 싫었다고!" "엄마가 하라 그랬잖아!"

안 그러겠냐고.

이거 뒷감당 어떻게 하려고 해?

아이 인생 딱 한 번 뿐인데,

두고두고 평생 애가 부모 원망하면 감당할 수 있겠어?

그래서 아이가 성인이 되어 인생 주도권을 완전히 가져가기

전까지는 애미의 적절한 유도가 필요하다는 거다.

너도 나도 살아남기 위한

아주 현명하고 꼭 필요한 밑작업이라고.

검증 안 된 무한 정보가 범람하는

이 한 치 앞도 내다볼 수 없는 엄중한 시기에

냉정한 현실과 아이의 성향과 관심사, 재능을

모두 종합해 선택지를 추려주고

때로 부모 눈에 명확한 길이 보일 때는 살살 몰아가며

아이가 최선의 선택과 몰입을 할 수 있게 돕는 거지.

그렇게 애미가 짜놓은 무대에서 춤추는 원캐스트 배우가

자기인 줄은 미처 눈치채지 못하고

'하는 것마다 왜 이렇게 수월하지?'

'뭐가 이렇게 하고 싶은 게 많지?'

'지금 세상에 나가보는 것도 신나겠는데?' 하면서

자신의 미래에 가능성과 호기심을 가지고

스스로 선택하고 기꺼이 책임지며

어려운 길도 헤쳐나가게 되는 거 아니겠어?

어떤 영향도 받지 않고 어떤 권유도 없이

온전히 아이 혼자 선택하는 건 불가능에 가깝기에

자기가 선택했다고 '착각하게' 만드는 것도

애미 능력이라고 본다.

그 과정이 정말 자연스러워야 해. 애들 눈치가 귀신이잖냐.

절대로 강요하면 안 돼, 디밀어도 안 되고.

자주 노출하면서 괜찮은 분위기 풍기고

어려운 결정할 땐 "어머 너무 잘했다"고 박수 쳐주면서

적재적소에 알맞은 반응으로 아이를

옳은 방향으로 이끌어야 해.

하은이도 보면 안 되는 일급비밀 발설하려니 손이 달달 떨린다.

이 책 애 안 보는 곳에 숨기고, 내 말 명심해라.

너른 독서와 경험의 판 벌여놓고 스스로 선택하게 한 뒤

자립심, 책임감 키워놓는 거

사춘기 때 꼭 해놓아야 할 일이다.

통제할 것과
통제하지 않을 것

확실한 기준 제시하기

까꿍이 키울 때 통제할 것과 통제하지 않을 것 가르는 기준이

좀처럼 어려워서 얼마나 고생을 했냐, 우리가.

사춘기 육아는 한 단계 레벨 업! 될 만큼

더 어렵고 까다로워지는데

그 이유는 항목이 많아지고 상황도 다양한데

거부감과 반항심까지 추가되기 때문이다.

엄마가 해주는 집밥, 권하는 환경, 사주는 책은

맛없고 재미없고 지루하고 따분하지.

편의점에서 파는 음식, 친구랑 나가 노는 환경, 자극적인

미디어는 맛있고 매력적이고 짜릿하고 신난다.

슴슴한 집밥이 건강에 이롭듯

아이의 정신 건강, 육체 건강에 좋은 건 밋밋하기 마련인데

세상 모든 현란한 것들이 눈에 들어오는 시기인지라

하고 싶은 게 너무 많고 호기심이 폭발해 통제가 도통 어렵다.

그렇다고 세상의 나쁜 것들을 제한 없이 모두 즐기게 해선

안 되지.

이거저거 다 귀찮고 힘들고 애랑 사이 나빠질 거 같으니까

그냥 뒤로 내빼는 거잖아.

최소한 통제할 것과 통제하지 않을 것을 분리하는 감각이

사춘기 육아의 핵심이라고 본다.

하은이 경우 통제한 게 크게 세 가지,

스마트폰(포함 모든 전자기기), 편의점, PC방

요것만큼은 철저히 제한했다.

스마트폰은 대학 들어가기 전까지

목에 칼이 들어와도 사주지 않았고

그 어떤 고비가 있어도 통화, 문자만 되는 2G 폰으로 버텼다.

훗날 입시에 몰입할 때 절대적으로 도움 된 건 말해 뭐해.

5박 6일 동안 쉬지 않고 떠벌일 수 있다.

수험생들의 공부를 방해하는 1순위 환경이 스마트폰인 거

이젠 강조하지 않아도 잘 알 거고,

편의점 통제한 것 역시 지금 생각해도 신의 한 수다.

공부할 때 필요한 체력과 지구력,

즉 끝까지 앉아 있는 엉덩이 힘은

애미가 먹인 밥심에서 나온다.

편의점의 '텅 빈 음식'으로 아이 배를 채워선 안 되는 거다.

우리 아이들이 먹어야 할 것은 '영양'이고

피해야 할 것이 '열량'인데,

편의점 음식은 '열량'은 넘치고

'영양'은 빈 음식이 대부분이다.

그동안 내가 먹은 음식이 곧 내가 된다는 말, 진실이다.

내 몸으로 들어가는 인풋이 나쁜데,

어떻게 아웃풋이 좋겠냐고.

근데 달고 짜고 맵고 현란한 맛의 합성감미료로 포장한

편의점 음식으로 아이 몸을 채웠다간

체력이 딸리고 머리가 안 돌아가는 악순환에 빠져

대체 왜 그런지도 모른 채

원하는 때 원하는 결과를 내지 못하게 될 게 뻔하다.

더불어 스마트폰을 제한하는데 PC방을 허용하는 것만큼

모순적 상황이 어딨겠어?

이런 게 바로 일관성 없는 통제인 거다.

현란한 게임으로 아까운 시간을 죽이면서

텅 빈 해로운 음식까지 콜라보로 제공되는

PC방이야말로 절대 사춘기에 허락돼선 안 될 공간이다.

각종 사발면과 초가공 식품, 난무하는 욕설 속에서

애 몸과 정신을 얼마나 망가뜨릴 거냐고.

PC방은 하은이 대학 가서 수강 신청할 때 비로소 허락된

공간이다.

하지만 인터넷 환경 자체를 제한하는 건

양질의 정보의 바다에서 헤엄칠 수 있는 기회마저 차단하므로

거실에 데스크탑을 두고 엄마가 함께 있을 때

맘껏 쓰게 했다.

거실에서 놀고 먹고 책 보고 뉴스 보고 신문 보며 정보를 접하다

뭔가 궁금증이 생기면 바로 인터넷 켜서 폭풍 검색하고

다시 쫑알쫑알 대화 나누면서

관심과 사고를 확장해 나가게 했어.

PC에 대한 정답 알려줘?

방 안에 두지 말고 '거실'에 가족용 '데스크탑'으로 설치해.

방 안에 PC 들여놨다가 문 꽝 닫고 들어가 버리기 시작하면

통제 불가능이야.

더불어 데스크탑 놓는 게 훨씬 나은 게

이동성 편한 노트북은 방 안으로 들고 들어가기 쉬우니까

그것도 어영부영 통제도 안 될뿐더러 싸움의 원인이 돼.

요즘 데스크탑 불편하다고 안 놓고

온 가족 공용으로 패드 사는 경우가 많은데

패드 사용하기 시작하면 스마트폰이랑 다를 게 없어.

하은이랑 그 시기에 데스크탑으로 제일 많이 한 게 인물 검색!

좋아하고 흥미로운 인물이 등장하면

검색하고 조사하고 미친듯이 '덕질'해서

하나부터 열까지 죄다 자기 것으로 만들어버려.

한창땐 미국의 싱어송라이터이자 배우인

아리아나 그란데(Ariana Grande-Butera)에 완전 빠져서

노래 다 따라 부르고 무대 영상 보고 흠모하면서

행복한 몰입의 시절을 보냈드랬지.

또 데스크탑으로 타자 연습도 해, 엑셀로 정리도 해,

파워포인트 툴도 다뤄봐,

애한테 도움 되는 것들은 빼놓지 않고 하게 하려고 애썼어.

특히 거실은 우리 집의 중심이자 심장인지라

대부분의 활동이 이곳에서 이뤄졌고

사춘기 때는 이렇게 개방된 공간에서

함께 생활하며 소통하는 게 중요해.

사춘기는 보호하면서도 자율을 줘야 하고,

신뢰하면서도 관찰해야 하고,

같이 가면서도 독립시켜야 하니까.

처음부터 확실한 기준을 제시해야 애가 헷갈리지 않고

이런 환경과 규칙을 자연스럽게 받아들이고 나면,

사춘기의 공부, 관계, 취미, 정보 탐색까지

모든 활동이 수월할 거야.

우리나라에서
사춘기 아이를 키운다는 것

그래, 알지.

요즘 세상에 아이가 뭘 하든, 뭐가 되고 싶건

'학벌'이 필요충분 조건은 절대 아니란 거.

꼭 대학 안 가도 자기 전문성 있고 경쟁력 있으면

얼마든지 밥벌이하고 자기 꿈 펼치면서 잘 살아.

그거 몰라서 그러는 게 아니라,

내 나이 오십 줄에 뼛속 시리도록 와닿는 게

내가 세상에 나가 여러 사람 만나고 온갖 경험을 하다 보니

이왕 좋은 여건에서 스타트하면 인맥, 신뢰, 정보, 환경까지

얻을 수 있는 기회가 너무 많다는 거야.

"저는 그냥 우리 애 스트레스 없이 행복하게 키울래요"라고

말하기엔 삼각형의 꼭대기를 점유한 소수가 펼치는

'그들만의 리그'를 내가 너무 많이 봤거든.

좀 더 수월하게 시작할 수 있다는데,

굳이 돌아~ 돌아~ 갈 필요 있어?

물론 결과를 보장하는 티켓은 아니지만,

출발선에서 유리한 조건인 건 확실해.

이걸 너무 잘 아는 대한민국 현실 부모가 애 학창 시절에

공부에 전념하길 바라는 건 어쩔 수 없는 현실이다.

기껏 주어진 기회를 왜 버려?

이왕 주어진 시간 잘 쓰면 되는데….

문제는, 공부 좋아해서 하는 애 못 봤다.

최소한 현생에선 못 만났어.

특히나 그 긴 과정에 본격 시동을 걸어야 하는 시기가

애 인생 중 가장 불안하다는 사춘기 아니냐.

사춘기 아이의 뇌는 말했다시피 한창 공사 중이야.

10대 때 감정 뇌 먼저 성숙하고 20대 돼야 이성 뇌가 완성되는데,

이 와중에 중간·기말 성적, 내신 등급, 수행 평가,

봉사 점수, 진로 선택까지 신경 쓰자니

압박감과 혼란함이 가중되어 감정 폭발 수시로 일어나고

몸과 마음이 따로 놀아버리는 게 당연하지.

아이도 알 거다.

자기가 지금 말도 안 듣고 공부도 안 되고

몸은 매일 다르고 머릿속은 엉망진창이라는 거.

브레이크 없이 액셀을 자꾸 밟아버리는 이유다.

게다가 애미는 또 어디 사춘기 육아만 하는 사람이니?

세끼 밥, 집안일, 가족 일정, 양가 대소사

뭐 하나만 삐끗해도 대폭발한다.

멘탈이 약해서가 아니라 과부하 상태라서 그래.

뭐 좀 하려면 양가 부모 중 한 분이 쓰러져,

이 분 좀 나을라 치면 다른 분이 쓰러져,

수습 좀 했다 치면 이쪽 부모님이 또 편찮으셔.

아무 일도 없을 때는 시동생이 주식을 말아먹어.

돈 문제가 생기고, 가족 문제, 건강 문제가 돌아가며 터진다.

이쯤 되면 단전에서 끓어오르는 생각

'대체 내가 어디까지 해야 하는가?'

사방이 불안한 시기에 안전한 결과값을 내라는 현실,

애가 느끼기에도 깝깝하고 부담되고 압박감이 가중될 거다.

근데 이런 상황에서 애가 하기 싫다는 공부,

부모가 어떻게든 살살 달래가며

좋은 결과를 내는지가 진정한 관건 아니냐.

이 시기를 싹 건너뛰고 애 머리 굵어지고 철 다 들고 나서

모든 게 안정됐을 때 공부할 수 있다면야 얼마나 좋아?

허나 우리나라 시스템이 그렇게 설계돼 있는 걸

우리가 뭐 어쩌겠어?

정 싫으면 이민 가서 살아야지 별 수 있어?

이 고리타분하기 짝이 없는 얘기를

커피 때려 마시고 각성 상태로

"오늘 얘기 좀 하자, 나와봐" 하면 절대 안 통할 거다.

애들은 엄마의 '옳은 소리, 바른 소리' 제일 싫어해.

백퍼 천퍼 잔소리로 들리거든.

속으로 '지는 서울대 나왔어? 죽도록 공부했나?' 반문한다고.

그리고 입장 바꿔 생각해 봐.

회사에서 후배가 "드릴 말씀 있는데요" 하고

탕비실로 끌고 가는 거 우리도 제일 싫어하잖냐.

각 잡고 뭔 얘기할지 뻔하잖아.

맥주든 막걸리든 한잔 거나하게 걸치고

분위기 말랑하게 풀어진 어느 날,

"크으~ 끅~ 그러니까 말이야~~~~

당장 우리 가족이 핀란드, 스웨덴, 덴마크로 이민을 못 가잖아.

여기는 대한민국이거든.

교육 제도가 만 팔천 번 바뀌었는데, 엄마 학력고사 때랑 똑같아.

공부해야 돼. 대학 다니기 싫어? 일단 들어가서 자퇴해.

빌 게이츠도 학력파괴자라고 고졸인 줄 알았지?

하버드대 자퇴생이야.

일단 들어가 보고 얘기해. 그래야 뭘 해도 돼.

대학 가서 너 좋아하는 춤, 노래, 여행, 스마트폰 뭐든 실컷 해.”

조곤조곤 현실도 알려주면서 이왕이면 꿈을 심어줘.

애 좋아할 만한 거, 원하는 거 연결해 가면서.

자꾸 겁주지 마. 다그치지 마. 역효과 나.

“너 노량진 고시원에서 담배 연기 맡으면서 컵밥 먹을래?”

협박하지 말라고.

아무리 중요한 말이라도 애한테 정색하며 말하지 마.

애가 듣거나 말거나 ‘흘려듣기’ 하게 해야 더 잘 먹혀.

유아기 때는 ‘사랑해 고마워’ 쏭을 조석으로 불렀다면
사춘기 때는 ‘듣거나 말거나’ 쏭을 불러야 살아남는다.

물론 싸울 때도 있지.

푸닥거리 안 하고 사춘기를 어떻게 넘겨?

그래서 내가 요즘 강연하면서 자주 하는 말이 이거야.

“미친개처럼 싸우고 닭대가리처럼 화해하라.”

아무리 뭘 던지고 찢고 문제집 이빨로 뜯고

상 뒤집어엎고 난리를 쳐도

다음 날 떡볶이 끓여서 진심으로 사과하면서

"엄마가 이런 잘못이 있었고, 너의 그런 행동이 겁이 나고

놀랐고…"

솔직하고 차분하게 정리 잘하면 괜찮아. 애 잘 커.

아이도 사춘기가 처음이지만, 부모도 이 모든 게 처음이잖니.

현재 달라진 초·중·고 공교육 과정도 처음이고

스마트폰, AI가 이만큼 일상을 장악한 상황도 처음이라

똑같이 혼란스러워. 다 힘들어.

어떻게 처음부터 완벽하니?

나는 몇 년 전부터 싸우고 사과하고 화해하는

이 푸닥거리 한판을 '스터디'라고 말해. 하은이랑.

"하은아, 어제 우리가 했던 스터디에서 엄마는 요딴 걸 느끼고

조딴 걸 깨달았어."

웃기지? 정말 기가 막힌 행위의 '재정의' 아니니?

푸닥거리 두어 판 하고 사과 편지 쓰고 나면

사춘기 하은이에 대해 더 많은 걸 알게 되고

나의 원가족과 연관된 내 맘속의 상처들과도 대면하게 된다.

세상 공부가 따로 있냐? 이게 인생 공부지.

명상원을 뭐하러 들어가냐? 집이 수련원인데.

스터디 횟수가 많을수록 실수하지 않으려고 노력하게 되고

엄마 품도 넓어지고 깊어지면서 애랑 같이 업그레이드된다.

사춘기 때 아이도 성장하지만

부모 역시 가장 많이 성장하는 시기다.

'몸의 푸닥거리'와 '영혼의 스터디'는 이렇게 같이 가는 거야.

그니까 오늘 회식하고 집에 가는 길에

다이소에서 스터디 노트 한 권 꼭 사가라.

어제 한 잘못 그냥 넘기지 말고 아이한테 사과 편지 꼭 쓰면서

제대로 공부하고 성장하라고.

'몸의 푸닥거리'와 '영혼의 스터디'는 이렇게 같이 가는 거야.

'마블링 인재'가
뭔지 알아?

어느새 사회인으로 성장한 하은이가 자기 몫 충분히 해내며
인정받는 걸 옆에서 지켜보니 정말 많은 생각이 드는데…
그중 가장 큰 게 뭐냐면,
성장 과정 중에 했던 그 어떤 경험과 짓(?)들 어느 하나도
허투루 날아가지 않는다는 것.
꼭 전공에만 국한된 일만 하지 않았다는 게 핵심이다.
철학과를 나왔지만 해외 바이어들과
영어로 소통하며 오더를 조율하고,
판매 데이터에 기반해 각종 채널별 프로모션 조건을 협의하고,

트렌드를 파악해 포토샵으로 이미지도 구성하고,

가끔은 SNS 콘텐츠용 피팅 모델로 변신!

아이가 어떤 일을 꿈꾼다고 해서

딱 그 한 가지만 할 줄 알면 안 되겠구나.

자신만의 전문성, 경쟁력은 당연히 갖춰야겠지만

어떤 직업을 갖더라도

국어, 논술, 영어, 사회, 미술, 과학, 역사, 철학까지

'마블링'된 일을 해내는 게 필수인 시대가 도래했구나.

아무리 한 가지 방면에 특출나다고 해도

어느 한 군데 구멍이 뻥 나버리면

과업을 완수해내기 어려울 뿐더러 그 분야에서 인정받으며

승승장구하기 어렵거든.

더군다나 웬만한 직업은 AI로 대체된다는 이 시국에

딱 하나만 할 줄 알고 한 가지 일에만 얽매이는 게 아니라

다양한 상황에 적응하고 소통하며 자유자재로 유연하게 대응해

결국 성과를 내는 인재를 선호하는 건

너무도 자연스러운 일이라는 거지.

결론은 우리 아이를 '마블링 인재'로 키워야 한다는 거다.

마블링 끝내주는 소고기가 A++ 등급을 받고

마블링 멋진 대리석이 최고의 인테리어 자재가 되듯

비단 우리가 알고 있는 교과 과목뿐만이 아니라

비판적 사고, 창의성, 협업 능력, 문제 해결력 등이 복합된 인재!

한 분야의 지식을 넘어 여러 영역을 연결하는 능력을 갖춘 인재!

그니까 그 마블링 인재는 대체 어떻게 만들어야 하는지

궁금하지?

어이없게도 '뻘짓!'

에이~ 하며 뒤로 물러서는 애들, 너 딱 일루 와봐.

내 얘기 함 들어볼래? 어디서도 안 한 내 얘기.

내가 대학생활 내내 학과 공부는 하나또 안 하고

연극부랑 그룹사운드 활동을 했었걸랑.

그래서 불어불문관데 불어를 한 마디도 못 해요.

방학 내내 연극 연습하느라 알바도 안 해~ 농활도 못 가~

늦게 술 처먹고 기어들어 와 렌즈도 안 빼고 자다가

엄마한테 등짝을 얼마나 맞았던지.

지금 내 인생 맷집의 8할은 우리 엄마 천수자 씨 덕분이다.

연극부에서 배우, 연출, 기획, 분장, 무대장치, 조명 등등

돈 안 되고 취업에 1도 도움 안 되는 헛짓거리들 하느라

내 젊은 날을 다 불태웠다구.

그룹사운드에서는 메인 싱어로 또 방학 내내 연습해

공연 올리고 막 그랬거든.

강변가요제 나갔다가 예선에서 똑 떨어지는 아픔도

경험해보고….

결혼하고 6년간 불임녀로 살 때는

친구들 다 과장 달고 차장 달고 래미안 사서 들어갈 때

거미줄 나오고 돈벌레 나오는 시댁 빌라 1층에서

퀼트, 스텐실, 재봉, 홈패션, 리본아트, 뜨개질, 제빵 같은

온갖 핸드메이드 수업 듣고 쓸 데도 없는 자격증 따가며

내 신세를 한탄했더랬지.

그래도 그 시간 참 열심히 살았던 거 같애. 지금 생각해도.

자, 근데 봐봐라.

살려고, 돈 벌려고, 전국 돌며 육아 강연할 때

찰나에 스쳐 가는 내 연기에 엄마들 박장대소하다 울다

저 여자 저거 아카데미 여우주연상 감이다 하며 탄복하고

그룹사운드 싱어 때 선배한테 혼나가며 연습한 발성과 톤과

발음은 내 영업의 필살기이기도 한 TA(Telephone Approach)

에서 완전 빛을 발해.

목소리 너무 좋다고, 언니 따듯한 저음에 나도 모르게

인생 얘기 술술 다 풀고 있다고…

나 원래 내 속 얘기 잘 못하는 사람인데… 이러면서.

맨날 다이어리 쓰고 꾸미던 뻘짓은 고객한테 편지나

메모 쓸 때 미친 감동을 일으킨다.

이건 '선미체'로 어디 등록해야 한다며.

백화점 포장 코너 들렀다 온 줄 아는 선물들은

죄다 손수 리본 포장한 내 솜씨다.

모래놀이, 물장난부터 색종이 접기, 미니북 만들기, 편지 쓰기,

스티커북 만들기, 다이어리 꾸미기, 리코더 불기, 단소 불기,

하모니카 불기, 춤추기 등 하은이가 했던 온갖 뻘짓들이

대학생활과 사회생활에서 얼마나 빛을 발했을지는

더 말 안 해도 상상이 가지?

MT, 워크숍, 회식자리, 노래방, 일상 업무에서도 하은이가

어떤 뻘짓들을 예술로 승화시켜

좌중을 휘어잡고 매력을 발산할지 눈에 선하지 않아?

사춘기는 다양한 경험, 온갖 지식,

서로 다른 관점이 더해지면서

아이 안의 여러 요소가 처음으로 섞이는 시기다.

마블링 보고 있으면 하나도 같은 무늬가 없잖냐.

각기 다른 취향, 재능, 호기심, 성향이

고유한 색상과 신비로운 모양으로 섞이기 시작할 거야.

그니까 공부할 시간에 뻘짓 한다고

한숨 푹푹 쉬며 뭉개뜨리지 말고

세상 하나뿐인 무늬가 될 수 있게 도와줘.

지금 걔가 하고 있는 뻘짓이 향후 어떤 직업에서

어떻게 쓰일지 아무도 몰라.

어느 코너에서 방향 전환이 될지,

어느 스위치에서 불 들어올지,

어느 구름에 비 내릴지 모르고,

어느 방귀에 똥 쌀지 모른다.

자꾸 줄 세우고 누구 이기려 하지도 마, 절대.

누가 누굴 밟고 오르거나 이겨 먹는 개념이 아니라

유연하게 소통하고 서로 협업하며

'생존할 수 있는 사람'으로 클 수 있게 해줘.

어디서 뭘하든 살아남는 애로 키워야지.

미친듯이 뭔가를 몰입해 완수해봤던 경험,

살아남으려고 이리 생각하고 저리 고민하며 성장했던 경험이

아이들을 살찌우는 거야.

이렇게 크는 애가 바로 '유연한 생존자'다.

나영석 PD도 그러잖냐.

성공한 사람이 멋있는 게 아니라

그 분야의 전문가로 오래 생존해 있는 사람이

훨씬 멋있어 보인다고.

사회생활 해봐서 알겠지만

'이기는 순간'이 중요한 게 아니라

묵묵하게 주구장창 '버티면서 살아남는' 게 백배 천배 힘들다.

추적추적 비 오는 가을날에도 젖은 낙엽처럼 절대 뗄 수 없게,

빗자루로 아~무~리 쓸어도 쓸어도

절대 쓸리지 않고 바닥에 딱 붙어 있는

목숨 질긴 생존자로 키우는 거다.

3장

됐고, 결과를
내야 할 거 아니야?

입시 앞둔 애미의 현실 행동양식

"현실은 냉혹해,
정상 참작은 없어"

집을 팔아도
못 올리는 게 뭐다?

국어 점수 올리기 3단계

강남 집을 팔아도 못 올리는 게 뭐다?

그래, 그거. '내 자식 국어 성적'.

벼락치기도 안 통하고, 단기 과외는 1도 효과 없고,

양치기 문제풀이만으로 해결이 안 되는 과목인지라

수험생들, 학부모들 쩔쩔매게 하는 그 공포의 난제, 국어!

아무리 사교육 처바르고 돈 쏟아부어도 효과가 미미하니

그런 말이 공공연히 나오는 거다.

헌데 책 많이 읽혀서 읽기 근육 탄탄히 길러놓으면

그렇게 수월한 과목이 또 없그덩.

115

경험자로서 강조하건대

대치 키즈고 나발이고 다 소용없다. 책 안 읽으면!

수능 국어는 단순히 암기한 개념을 묻고 답하는 방식이 아니라

처음 보는 지문을 빠르게 읽어내면서 구조, 의미를 파악하고

앞뒤 맥락 연결해서 선지를 골라내야 하는데

이게 바로 책 읽으면 저절로 훈련되는 일련의 과정이다 이거지.

책 많이 읽은 아이는 글자 하나하나를 읽는 게 아니라

의미 덩어리로 파악해.

문제를 풀면서도 '어? 이건 아닌데?' 하고 본능적으로 걸러지는

경우도 많고,

이 말이 앞에서 한 말이랑 일관되는지, 어떤 구조를 가졌는지,

작가의 의도는 뭔지, 이 말에 어떤 근거가 있는지,

머릿속에서 끊임없이 파악하는 게 진즉 훈련이 된지라

문제로 푼다 해도 크게 다를 것도, 어려울 것도 없다.

쉽게 말해 '비판적 사고'가 몸에 배어버리는 거다.

국어 성적이 잘 안 나오면 모든 과목의 발목을 잡는다는 게

비단 한 과목 점수가 전체 평균을 떨어뜨리는 게 아니라

영어는 물론이고 수학, 사회, 과학까지도 어휘력, 문해력이

딸려서 문제 자체를 이해하지 못하고

116

깊이 사고하는 단계까지 가지도 못하면,

허튼 시간을 낭비함과 동시에

빠르게 풀이해 나가는 것 자체가 어려워지고

쫄리고 쫄린 아이는 안드로메다 저편으로 휘발되는 멘탈을

부여잡느라 온 힘을 다 써버린다.

내신, 모의고사는 물론이고 실전 수능을 치를 때도

1교시 국어가 그렇게 개쫄린 상태에서 나락을 가버리면

2교시 수학은 평상시 실력의 반의반도 안 나올 것이며

점심시간엔 모래알처럼 까슬까슬한 밥알을 씹으며

3교시 영어는 생각하기도 싫을 것이야.

4교시 사회 과학은 앉아 있는 거 자체가 곤욕일 테지.

에효~ 얼마나 짠해.

십수 년을 공부하느라 그렇게 고생해 왔는데….

한창 예쁘고 꽃 같은 그 시기를 놀 거 안 놀고 참아가며

죄다 바쳤는데 말이다.

결과가 좋아야 할 거 아냐? 이왕이면!

노력한 만큼 탐스러운 열매를 맺는 희열을

느끼게 해야 하지 않겠냐고.

책 정말 많이 읽혀. 죽어라 읽혀.

책을 손에 잡을 수 있게 하려면 뭔짓이라도 해.

자, 그럼 실전 경험에 비추어 국어 성적 올릴 수 있는 묘수

알려줘? 궁금해? 잘 들어.

스마트폰 당언하고, 패드나 게임도 당연히 마찬가지.

읽기 능력을 침범하는 1순위는 누가 뭐래도 스마트폰이다.

너도 알고 나도 아는 편리함에 취해서

야금야금 성큼성큼 문해력 갉아먹는 방해꾼!

솔직히 예전에 비해 교육 시스템이 후져지길 했냐

가르치는 선생님들의 퀄리티가 낮아지길 했냐

완전 그 반대잖냐.

도리어 독서 논술 수업을 비롯한

다채로운 국어 사교육 시장은 수십 배 팽창했고

다양한 미디어를 통한 일상 속 언어, 문장 노출은

수천 배 늘어났음이 분명하지 않냐고.

그렇다면 애들의 언어 능력은 더 뛰어나져야 하고

이해력, 사고력, 문해력 또한 높아져야 당연한데

근데 왜 여러 연구나 지표를 통해서 발표되는 건

나날이 초·중·고등 아이들의 사고력, 언어능력의 수준이

후드두둑 떨어지고 있는 거냐고?

그 이유? 원인? 바로 딱 답 나오지? '스마트폰'.

요 요물 하나가 세상 모든 상대를 다 이겨 먹는다.

혼자 하는 뺄놀이도 시시해~

멍 때리는 건 좀이 쑤셔서 못 견뎌~

친구들이랑 하는 몸놀이, 말놀이, 수다 떨기도 재미없어~

스마트폰 옆에 두고 진득이 앉아서 책을 읽겠냐?

이미지, 영상이 이렇게 난립하는 자극적인 도파민 세상에서

그림도 뭣도 없이 시커먼 글자만 빼곡한 문학·비문학 책들을

기꺼이 꺼내 와 몇 시간이고 거기에 빠져서

읽고 앉아 있겠냐고?

그래야 생각 근육이 생기고 어휘력, 문장력이 길러지는데

깨톡깨톡 연신 울려대는 스마트폰 확인하고 싶고

끊임없이 유혹하는 유튜브 영상 궁금해서 좀이 쑤시고

게임도 하고 싶고 친구들 SNS도 들여다보고 싶어서

애가 당최 정신을 차릴 수가 있겠냐고요.

그래도 내 자식은 내가 단도리 잘해놨으니

정해진 시간만 딱 보고 딱 접고 공부도 하고 책도 잘 읽고

지 할일도 잘할 거라구?

니도 안되고 내도 안되는 게 갸가 되겠냐? 그 어린 것이?

좀 조용히 있으라고 다그쳐도 전혀 못 듣고

시끄럽게 종알종알 떠들어야 하는 나이.

까르르~ 깔깔~ 웃음 소리도

코 찡긋하며 틱틱거리는 장난질도 전혀 없이

그저 각자의 스마트폰 화면에 빠져 스크롤만 움직이는

세상 고요한 집.

와~ 이게 공포가 아니면 도대체 뭐가 공포냐.

책보다 재밌는 건 다 치워.

'스크롤 대신 책!' 명심하고

패드, 온갖 기기 눈앞에서 치워. 사주지 마.

목에 칼이 들어와도 안 돼. 버텨.

애 손에 쥐여주는 순간 생각 회로는 그냥 차단돼 버리는 거야.

성인까지 딴딴하게 성장해야 할 전두엽은 서서히 녹아내릴 거구

'생각하기 싫어하는 아이'에서 급기야는

'생각할 수 없는 아이'로 전락하게 될 거다.

아무리 비싼 사교육 학원 보내놔야 집중하지 못해

돈만 날리게 될 거구

국어 점수 1등급은 먼발치에서 바라만 보는 걸로

족해야 할 거다.

내 아이의 딴딴한 두뇌를 보호해 주는 일,

내 아이의 말랑하고 폭신한 집중력을 도둑맞지 않게 하는 일,

세상의 세뇌에 정신 팔려 하게 된 그릇된 판단으로

내 아이의 정신을 망가뜨리지 않게 보호하는 일,

절대 물러서지 마라.

국어 점수 올리기 '2단계'는 집중 책 읽기를 지속하는 것.

왜? 쉬워 봬? 말로만 들었을 땐 쉬운 거 같지?

아이가 유아기, 아동기를 지나 사춘기 통과할 때까지

독서 지속력, 독서 지구력, 독서 끈기를 유지하는 일,

생각처럼 쉽지 않다.

어릴 때 비장한 각오로 책 읽히던 엄마도

서서히 학년 올라가고 학원 돌리면서

"원래 책 좋아하는 아이였는데 요즘엔 안 읽네요."

"학교, 학원 숙제하느라 진짜 시간이 없어요."

에휴~ 스마트폰 사줬거나 학원 뺑뺑이 돌렸겠지.

옆에서 잔소리를 하든, 눈빛 레이저를 쏘든,

엄마가 먼저 읽고 앉았든, 돈을 쥐여주든,

온갖 짓을 다 해서라도 아이 독서가 끊어지지 않게 해야지.

결국 결과를 내는 아이들의 공통점이 뭔지 알아?

눈이 오나 비가 오나 하기 싫건 좋건

지속력을 가지고 같은 행위를 반복하는 아이다.

독서를 지속한다는 건

끊임없이 읽기 능력을 배양함과 동시에

배경지식을 어마어마하게 축적해 나간다는 얘기고,

매일 같은 루틴으로 책을 손에서 놓지 않는 일관된 습관을

유지하고 있다는 뜻이며,

다양한 분야의 글을 거침없이 읽고 비판할 수 있는 논리력을

갖춰가고 있다는 증거다.

그래서 공부 따로, 독서 따로 가는 게 아니라

독서 지속력을 유지하면 공부 지속력은 저절로 유지되는 거다.

하은이 열다섯 살 홈스쿨링할 때 세운 원칙이자 루틴이

반드시 하루 1~2권 책 읽기였거든.

학교 안 가는 그 귀한 시간에 뭔 일을 하고 어떤 뻘짓을 하든

정해진 양은 무조건 끼고 읽었다.

그 지속력은 훗날 국어영역은 물론이고

기타 모든 과목을 3배속으로 공부해낸 부스터이자 자양분이

됐다.

'3단계'는 읽은 책을 밖으로 꺼내보는 연습!

단 세 줄을 쓰든, 한 페이지를 쓰든,

읽은 책을 밖으로 꺼내보는 연습이 왜 중요하냐면

아이 뇌에서는 '이해 → 정리 → 표현'의 루트가 만들어지거든.

꾸준히 책 읽은 하은이가 빼놓지 않고 한 일이

자유 독후감 쓰기였어.

말이 거창하지, 그냥 읽자마자 지 내키는 대로 연습장 펴고

일필휘지로 휘갈겨 쓰는 거다.

머리에 남는 대로, 느끼는 대로, 마음 가는 대로.

읽고 끝내지 않고 '자기 언어'로 남기는 작업은

저자의 글을 아이 머릿속에서 재배치해 보는 일이자

남이 차려준 밥을 자신의 피와 살로 바꾸는 소화 과정이다.

아무리 좋은 음식도 씹고 소화하지 않으면 아무 소용 없잖아?

이 과정을 해본다는 것 자체로 자기주도적 공부의

초석이 되는 거지, 암.

글 쓸 때 아이의 뇌에서 어떤 일이 일어나냐면

'뭘 중요하게 봤지?' '이걸 어떻게 설명하지?'

'왜 이 장면이 기억에 남았지?'

읽은 내용을 다시 떠올리고 선별하고 분해해서 정리하는 고난도

작업이 일어난다.

단, 독후감에 대한 애미 반응에 주의할 것.

"에게~ 이게 다야?" "너무 성의 없는 거 아니니?" "이 표현은

좀…"

몇 마디 거들었다가 애 뿌엥~ 울리고 영원히 독후감 안녕!

할 뻔한 내 전철을 절대 밟지 말거라, 절대.

좀 부족한 부분이 보여도 '입꾹닫' 알겠지?

하은이 자유 독후감의 목적도 잘 쓰기가 아니라 일단 쓰기였다.

줄거리 요약? 그건 AI가 더 잘하지 않겠어.

맞춤법? 그건 나중에 저절로 좋아져.

중요한 건 딱 하나! '읽은 걸 자기 식대로 정리했느냐'.

그래서 하은이 독후감은 "중간부터 재미없어졌다"고 하거나

"주인공의 행동이 이해 가지 않았다" 등 자기 생각을 분명히

밝힌 적이 많아.

이런 솔직하고 자유분방한 사고와 표현을 차단하지 않는 게

엄마의 몫이다.

틀린 생각은 없어. 근거 없는 생각만 있을 뿐!

이렇게 읽고 사고해서 쓰는 루틴이 돌아가기 시작하면

국어영역에서 지문을 읽고 요지를 잡는 속도가 빨라지고,

선지를 볼 때 '이건 아니다'가 보이기 시작하고

긴 글을 끝까지 읽어가며 버티는 힘이 생긴다.

정리하면, 국어 점수 올리기 프로젝트 3단계의 핵심은 이거다.

1단계 읽기에 집중할 환경을 만들고,

2단계 읽기를 끊지 않고 지속하며,

3단계 읽은 걸 밖으로 꺼내 표현해보라.

국어는 암기 과목이 아니잖아.

글을 읽고 생각을 정리하고 의미를 파악하는 과목이야.

읽고 정리하고 표현해본 아이만이

입 떡 벌어지게 긴 지문 앞에서 얼어붙지 않고

물밀듯 밀려오는 글의 파도 앞에서 자유롭게

유영하고 탐험할 수 있다.

단 두어 달 만의 집중 읽기, 쓰기 프로젝트만으로도

국어에 대한 눈이 뜨이고 감각이 살아나면서 결과적으로

아이의 국어성적이 수직 상승하는 신비로운 체험을 하게 될

테니 입 떡 벌리고 놀랄 준비들 하고 있어.

뻔한 얘기 같지만
명심해

수학 교과서에 응축된 힘

수학의 가장 큰 적이 뭔 거 같아?

아이의 잦은 연산 실수? 수능 킬러 문제?

아니다.

엄마들이 '수학 앞에서 쫄아붙는 거'.

지레 겁먹어서 학원 늘리고, 선행 빼고, 진도 당기고,

옆집 애랑 점수 비교하는 거, 그거!

솔직히 말해보자. 그렇게 뺑뺑 돌려서 수학 성적

월등히 나아진 집, 몇이나 봤어?

방학 특강으로 온종일 학원에 줄창 앉아서 수업 듣는 그 아이,

돈을 그렇게 쏟아붓고 선행 몇 년 치씩 뺀 그 아이,

수학 점수 쭉쭉 올라서 내신, 수능에서 걱정 없이

고득점 받아오든?

왜 학년이 오를수록 점수 올리기 힘들고

심지어 곤두박질치는 건데?

왜 그런 거 같아?

이미 수학을 무시무시한 과목으로 각인시켜 놨거든, 엄마가.

미리 진도 안 빼고 선행 안 하면 낙오되는 거라고

애 머릿속에 콱 박아놨잖아. 그랬잖아.

애가 파고들고 달려들어 개념이랑 문제랑 동고동락하기도 전에

겁 잔뜩 줘서 두려워하고 피하고 돌아서게 만들었잖아.

수학은 교과서만 들이파도 충분하다고,

선행 필요 없이 현행만으로 차고 넘친다고,

목 놓아 소리쳤지만 의심하고 불신하는 엄마들이 아직도 많다.

이 뿌리 깊은 불신을 불식시키고자

얼마 전 내 블로그에 경험자가 정성껏 쓴 댓글을 소환했다.

"안녕하세요.

몇 년 동안 눈팅만 하다가 처음으로 댓글 써 봅니다.

저는 하은 양처럼 다독의 끝판왕도 아니었고,

놀기만 좋아했던 중학생 시절 찍기 실력마저 비루해

수학 과목은 고작 두세 문제 맞는 그런 평범한(?) 아이였어요.

고등학교 들어가면서 철이 들어

전교 1등으로 졸업한 후 내신으로 인 서울 대학에 들어갔더니

공대생은 1학년 미적분학이 필수 과목이라는 거예요.

실업고 나온 저는 미적분이란 단어조차

난생처음 들어봐서 막막했더랬어요.

그때 교수님께서 "중학교 1학년 수학 교과서부터 구해서

방정식부터 공부하고 풀어라"고 말씀하셨어요.

고대 수학과 간 친구 찬스로 기초부터 물어가면서

진짜 사칙연산부터 제대로 시작해 차근차근 다 풀었어요.

두어 달 남짓 그렇게 중·고등학교 교과서를 다 풀고

미적분 수업을 들었더니 진도 따라가기가 껌이고

게다가 수학에 흥미가 생겨서 미적분 수업은 전부 A+를

받을 수 있었어요.

뭐 별거 아닐 수도 있는 거지만 작가님 말씀대로

수학은 현행 학교 수업만 이해하고,

안 풀어지는 한 문제 붙들고 며칠 밤을 새서라도

스스로 풀어내게 되면 그 문제 하나로 꼬리에 꼬리를 물고

여러 수학 개념을 이해하게 되고 자신감이 생기니까

저절로 수학이 가장 재밌는 과목이 되더라고요.

수포자인 분들도 다 할 수 있다! 위 캔 두 잇!

이 얘길 전하고 싶어 이리 긴 댓글을 달게 되었습니다.

단 한 분이라도 희망의 불씨를 얻어가시길요."

헐~ 내 말이 맞어 안 맞어? 미쳐 안 미쳐?

그렇다니깐!

대학생 때 교수님 말씀 찰떡같이 알아듣고

존심 딱 버리고 중1 교과서 사서 개념부터 들이팠다잖아.

딴 데 정신 안 팔고 중·고등 교과서 마스터하는 데 딱 두어 달.

그 이후에 벌어진 일은 놀랍기 그지없지.

뭔 소린 줄도 모르겠던 미적분이 쉽게 풀리고

급기야 애정 과목이 되어 전부 A+!

크~~~ 이거지! 이거거든!

그냥 무식하게 이해될 때까지 교과서 읽고 또 읽고

풀고 또 풀면 되는 건데 뭐 어려울 게 있어?

누누이 말하지만 안되는 건 없어.

어려운 게 아니고 하기 싫은 거지.

육아도 어려운 게 아니라 하기 싫은 거잖아.

근데 꼭 해야 하는 거니까 울면서라도

그 단순·무식·무한 반복의 뫼비우스의 띠를 걷고 있는 거잖냐.

이왕이면 제대로 결과를 내버리려고 책도 읽고 강의도 들으며

육아의 질을 향상시키려 발버둥을 치는 거고.

애도 멋진 인생을 살게 하려면 지금 학생의 신분으로서

공부를 '열심히' 그리고 '잘'하게 해야 돼.

언니가 하는 얘기 부담돼?

쳇! 부담 왕창 가지라고 하는 얘기다, 왜?

"맘 편히 가지세요" 같은 소리 하고 앉았네.

맘 편히 가지려 중대한 사안들 외면하고 회피한 채

미디어 속으로 도망치며 시간 흘려보내면 뭐, 어?

누가 어↗ 내 자식 대신 커버쳐 준대?

어~림도 없지.

그냥 크는 자식은 이 우주에 단 한 명도 없어.

공부도 재능이라고? 지랄하네.

'노력'이 재능이고 '성실'이 재능이고

절대 '포기하지 않는 게' 재능이야.

타고나는 거 택도 아니고 엄마가 애기 빵살 때부터

길러줘야 하는 게 '노력 재능'이야. 매일매일의 삶 속에서.

열심히 사는 등만 보여준다고 다 되는 것도 아냐.

이쁘게 잔소리하고 조곤조곤 세뇌시키고

귀신도 모르게 가스라이팅하며

보이지 않는 이인삼각 벨트 애랑 묶고

능수능란하게 끌었다 밀었다 같이 자빠지며

진흙탕 뒹굴어야 뭐가 돼도 돼.

세계적으로 성공한 앤디 워홀이 그랬잖냐.

이젠 내가 떵칠을 해놔도 사람들이 아름답다 할 거라고.

성공한 자의 과거는 전부 미화되게 되어 있어.

그 과거가 참혹하면 참혹할수록 더 아름답게 비치지.

지금 너무 후지고 그지 같고 시궁창 같아도 계속 달려.

현재의 삶, 전부 아름답게 칭송받고 회자되게 될 테니까.

하은이도 이른 나이에 수능 공부하면서

단기간 진도 빼고 성과 내게 도와준 딱 두 가지 꼽으라면

'교과서'와 '책' 끝이다!

수학 겁나 못하는 체육교육과 나온 애비와

수학 더 무섭게 못하는 불문과 나온 애미 사이에서 태어난

고명딸 울 하은이.

책을 아~무~리 읽혀도 수학에서 두각은커녕 부각, 미각, 환각,

헤까닥~ 하던 녀석.

'넌 난중에 국문과 가거라' '음~ 이과는 택도 아닌 거 같으다'

그러다가 어찌저찌 중학교 자퇴하고 홀로 수능 공부 하면서

어쩔 수 없이 에그파일 초압축으로다가 수학 진도를 빼게

됐잖냐.

근데 하은이 왈,

중1부터 고3까지 수학 진도를 미친 속도로 확 빼는 게

무진장 겁먹었던 거 치고는 생각보다 할 만하다는 거.

절대 수월하지는 않았으나 예상보다 진행이 빨라서

옆에서 보는 나도 놀랐다.

등급도 안 나오던 밑바닥 수준에서 '6등급 → 5등급 → 3등급'

팍팍 치고 올라가는 게 가히 마술쇼를 보는 듯했다.

놀라운 건 수학 교과서를 들이파고, 못 푼 문제에 매달릴수록

오롯이 집중하는 시간이 길어졌단 사실이다.

그래서 수학을 공부하면 머리가 좋아지고,

머리가 좋아지면 수학을 더 잘하게 되는 선순환의 과정이

일어난다는 걸 하은이 보면서도 느꼈다.

뭣보다 수학을 잘하려면

가장 먼저 개념 이해에 올인해야 하는데,

그걸 세상에서 가장 잘해둔 교재가 바로 교과서다.

그러니 당연히 교과서를 씹어 먹게 해야지.

유형도 그다음이고, 심화 고난이도 문제는 한참 후 사안이다.

그러니까 뭐가 좀 막히거나 구멍이 보인다면

학원을 돌릴 게 아니라 수학 교과서 한 세트씩 더 사서

읽혀! 이해될 때까지.

풀려! 개껌이 될 때까지.

수학 교과서 절대 우습게 볼 게 아닌 게

개념 설명 → 대표 예제 → 기본 문제 순으로 돼 있는

구성이 뻔해 보이고 쉬워 보여도

수학자들이 사고하는 경로이자

학생 눈높이로 축소해둔 설계도와 같다.

교과서를 완벽하게 이해한 아이는 기초 설계가 튼튼해서

어떤 응용 문제가 나와도 흔들리지 않고

낯선 문제가 와도 대응할 가능성이 높아진다.

새로운 단원 들어갈 때마다 불안해서 "이건 안 배웠어요"

반복하며 해볼 생각조차 안 하는 아이라면

더더욱 교과서를 끼고 읽혀야지!

그랬는데도 뭐가 도통 이해가 안 되면

그동안 읽은 책 양이 부족한 거 아닌지 깊이 반성해.

후진 학습만화들 싹 다 버리고

제대로 된 문학·비문학 글밥 책들 사서 미친듯이 읽혀.

『수학 귀신』 같은 개념의 큰 틀 잡는 단행본 읽히는 것도

물론 도움 되지.

그리고 교과서든 책이든 애 입에서 '아하!'라는 말이 나올 때까지

깊이 생각하고 몰입하게 도와줘야 돼.

"넌 왜 그 모냥이냐?"는 말은 이 악물고 참아가면서.

한 톨의 주의집중력이라도 싹싹 긁어모아서

사용하게 해주는 건 뭐 당연히 중요하니

집중력 개박살 내는 스마트폰이나 미디어 끊어야 하는 건

이제 지나가는 길냥이도 알 테고요.

교과서 충분히 읽고 풀었다면 교재 활용하면 금상첨화!

하은이가 효과 톡톡히 본 건 『EBS 수능특강』 기본 중의

기본이고, 『쎈수학』으로 응용 심화 다지면서 등급 쭉 올렸다.

5년간 평가원, 교육청 모의고사, 수능 기출문제는

풀릴 때까지 풀고 문제 유형 제대로 파악해서

실전 수능에서 수학 1등급 찍을 수 있었던 거다.

한번 대놓고 물어보자.

"수학, 왜 공부하는 것 같아?"

가장 중요하고 비중 높은 국, 영, 수 그냥 하란다고 생각 없이

하는 게 아니라

대체 우리 아이가 왜 그토록 많은 시간을 써가며 공부하고

교육부는 왜 이렇게 대입 시험에서 수학을 높은 비중으로

설계해 놨는지 이유가 있을 거 아냐?

어떤 과목이든 '사고'하게 만드는 힘이 있지만,

수학에서 배우는 논리적 사고력과 문제 해결력은

세상을 이해하고 문제를 풀어나가는 데

어마어마한 도움이 되고 큰 영향을 미쳐.

국어가 의미를 해석하고 맥락을 읽는 사고라면,

수학은 문제 상황을 구조로 바꾸고,

그 구조에 잘 맞는 개념을 고르고,

알맞은 공식을 대입해 계산하는 논리정연한 사고를 요해.

'수학적 사고력'이 일과 삶 속에서 얼마나 필수적이고

절대적인지 여러 상황 속에서 매일 수시로 느껴.

산수가 아닌 수학적 사고는 온갖 공부에서든 일에서든

느닷없이 발휘되어야 하거든.

그래야 탁월한 성적과 성취와 성과를 낼 수 있으니까.

논리를 바탕으로 한 체계적인 사고방식을

갖추고 있는지 아닌지는 너무나 중요하다.

일 같이 해보면 알고, 말해 보면 딱 느껴져.

이 모든 걸 갖추게 되는 출발점이 '성실함'이다.

'자기주도학습'이란 식상한 단어를 굳이 꺼낼 것도 없어.

어른이든 애든 성실한 건 이제 너무 기본이다.

수학은 재능이 아니다. 성실함의 결과지.

엉덩이의 힘이고, 반복된 훈련이다.

비책? 없다.

지름길? 그런 거 어디에도 없다.

학원 샘도, 과외 샘도, 인강 샘도 같이 들어가지 못하는

시험장 책상 위에서 혼자 고독하고도 치열하게 풀어내야 한다.

그리하며 본인이 만족하는 목표 점수를 냈을 때의

말로 형언할 수 없는 희열과 쾌감!

아이의 평생 높은 자존감의 근원이 되고,

세상을 향해 치고 달릴 수 있는 용기의 재료가 된다.

그러니까 수학 잘하는 아이로 키워.

오늘부터 진심을 다해 말해주렴.

"넌 수학을 잘하는 아이야. 넌 수학을 못할래야 못할 수가 없는

아이라구."

절대 쫄지 말고 지레 겁먹지도 말고

포기해 버리고 외주 주는 짓도 하지 마.

학원을 다니든, 과외를 받든 그 시간의 3배수의 시간만큼

애 혼자 자습해야 하는데 현실적으로 그게 가능하냐?

그리고 수학 공부하는 애 옆에서 너도 책 읽고 필사해.

애는 수학의 개념을, 엄마는 인생의 개념을 하나하나

풀어나가는 거실 식탁!

그게 명문가의 서재고, 재벌가의 거실이다.

좋아해야
잘할 수 있게 된다

누구나 영어 천재 되는 조건

사춘기 엄마들에게 영어에 관한 조언 딱 하나만 한다면

고민 1도 안 하고 말할 거다.

"영어를 싫어하지만 않게 하라."

내 첫 책 『불량 육아』 낼 때부터 그렇게 강조했던 말 아니니?

'영어를 미친듯이 잘하게 하는 것보다 싫어만 하지 않으면서

생활 속에서 스며들게 하자.'

사실 첫 책 초판 낼 땐 하은이 초등 때였던지라

이 말이 나 역시 엄마표 영어의 실질적, 실용적 목표였고

괜한 유혹에 흔들리지 말자는 비장한 다짐이기도 했어.

근데 하은이가 대입 수능 다 치르고 사회 초년생이 된

이 시점에서 다시 돌아봐도

영유아·유치·초등생은 물론이고 중·고생까지 쭉~

통하는 모든 언어 교육의 진리라는 사실을 절절히 깨닫는다.

헌데 그 예민하고 다루기 어려운 사춘기 때

하루에 몇 시간씩 학습식 영어학원에 보내서

맥락 없이 영단어 하루 100개, 200개씩 줄줄 단순 암기하게 하고

문법 달달 외는 학력고사식 학습 스타일로

영어에 왜 학 떼게 만드는 건지 당최 이해가 안 간다, 나는.

어릴 때 영어 책육아 열심히 하면서

'픽처북 → 리더스북 → 챕터북'의 올곧은 길을 걷던 엄마도

'이 길이 맞나?' 하는 의심병이 도지는 순간,

샛길로 빠져 언어 교육 외주 주고 다시 돌아오지 못하는

요단강 건너는 경우를 너무 많이 봤어.

대체 왜 영어를 자연스레 습득하는 언어가 아니라

지긋지긋한 학습이 되게 하는 건데?

입시 앞두고 있어서 어쩔 수 없다고?

그게 현실이라고?

진짜 그 현실을 내가 몰라서 이러는 거 같아?

그래, 도저히 하은맘 말만 믿고 있긴 불안하다?

대한민국 영어 일타강사가 하는 말은 믿을 거 아니냐.

한창 화제 됐던 「티처스」라는 프로그램 보다가

무릎 탁 치고 입 틀어막았어.

기본 실력 훌륭한데 유독 영어 취약한 중3 여학생한테 내린

일타강사의 솔루션이 학원도 아니고 과외도 아니고

"영어책을 읽히세요"라서!

어처구니 없어하던 엄마 표정이 가관이었다.

누가 날 찾아와서 물었대도 100% 똑같이 답해줬을 것이야.

뭣보다 당장 외고 입시를 목표로 하는 학생한테

한가한 소리나 하려고 "영어를 공부로 생각하지 않아야 한다"고

강조하진 않았을 거 아냐?

이 모든 상황과 현실 감안하고도 책 읽기가

가장 확실하고 효과적이니까.

갑갑하고 느린 길 같아 보이지만 사실은 가장 빠른 길이니까.

특히 내가 요즘 한 마디하고 싶어서 근질근질했던

영단어 암기에 대해서도 딱 잘라 말하는데

속이 다 시원하더라.

'영단어 스펠링 = 한국어 뜻' 매칭해서

하루 몇백 개씩 단순 무식하게 외우는 거

학력고사식 학습법이고 그닥 소용없다면서,

그 대안으로 '영어책 읽기'를 적극 권하더란 말이지.

단어란 게, 어휘라는 게,

문장 속에서 기능하고 문맥 속에서 그 뜻이 살아있는 거지

따로 떨어뜨려 놓고 백날 암기해봤자

귀한 시간 아깝고 효율 떨어져.

언어학, 읽기 연구 쪽에서는 이미 결론이 난 얘기야.

언어 교육 연구자들 왈,

한 단어를 정확히 이해하고 자유롭게 쓰려면 최소 6~12회,

어떤 연구에선 15~20회 이상 다른 문맥에서 반복적으로

'만나야' 한대.

주의할 것은 그 만난다는 게

'단어 뜻을 사전에서 10번 본다' '단어장을 달달 15번 외운다'의

뜻이 전혀 아니라 여러 문장 속에서

각기 다른 쓰임으로 노출된 경우를 말하는 거야.

사실 이렇게 뜬금없이 양질의 어휘를 만날 수 있는

영어 공부법이 또 어딨냐고?

이리 고민하고 저리 돌아봐도 결국 책, 영어책밖에 없어.

왜 우리 애는 매번 학원에서 보는 단어 시험 100점 맞아오는데,

영어 시험 점수는 도통 안 오르고

언어에 대한 흥미가 떨어지는 악순환에 갇혔냐고?

응, 그래, 영어책 읽기가 부족한 거야.

누구든 '픽처북 500권 → 리더스북 500권 → 챕터북 500권'의

길을 걷지 않고

지름길 찾아 남들보다 빠르게 가는 건 불가능해.

이것만이 기본 영어 실력을 탄탄하게 다져주는 유일한 길이자

내신이며 입시며 토익이며 평생 영어 시험의 강자이자

올라운더로 살아갈 초석이 돼.

무식하게 달달 외운 단어장 속 어휘는

다음날 언제 그랬냐는 듯 안개처럼 사라지지만,

영어책에서 만난 낯선 어휘는 다양한 형태와 종류의 만남을

반복하며 뇌에 새겨져. 자신도 모르게!

정확히 '단기 기억'과 '장기 기억'의 차이가 된다.

같은 어휘를 상황 설명하며 한 번, 대화문에서 두 번,

주인공 감정 묘사에서 세 번 이렇게 여러 번 만나는데

어떻게 기억이 금세 휘발될 수 있겠어?

단순히 '단어 = 뜻'이 아니라

'단어 = 쓰임 + 뉘앙스 + 감정 + 맥락'으로 저장되니까

외우지 않았는데도 기억에 남고

시험장에서 봤을 때 '이거 이 뜻인데?' 하고 손이 가는 거다.

게다가 지문 읽으면서 단어를 자연스레 익힌 아이는

어휘 문제에서만 강한 게 아니라

빈칸 채우기, 순서 배열, 문장 삽입, 문법까지도 함께 레벨 업!

된다.

왜? 이미 문장 흐름과 문맥 안에서

단어를 써본 경험이 쌓였으니까.

지문이 길어지고 난이도가 높아질수록

이 차이는 점수로 벌어진다.

이 메커니즘을 이해하면 영어를 비롯해

모든 언어 공부의 방식이 완전히 달라질 거다.

헛된 시간, 헛된 수고, 헛된 노력 없이 차곡차곡 차근차근

영어 실력 꽉 채워 다져갈 수 있는 길이다.

내친김에 사춘기 시절 언어에 대한 관심을 무한대로 확장시킬

팁까지 술술 풀어줘?

하은이가 '앤팀(&TEAM)'이라고 한창 빠져있는 아이돌이

있는데,

일본을 메인 무대로 활동하는 일본, 한국, 대만, 독일 국적의

9명 멤버 다국적 아이돌이야.

어릴 때 영어 DVD 눈깔 빠지게 보듯이

그들의 모든 음악 활동 일거수일투족을

죄다 음악과 영상으로 학습하더니

난데없이 일본어 공부를 하고 있는 거 아니겠어?

그러더니 순식간에 꽤나 잘하게 되더라구.

원래는 엔시티위시 광팬이어서 맨날 오빠들 노래 듣고 춤추고

앨범 사 모으는 게 일이었구

가장 애정하는 시온이 키링 달고 다니며

밥 먹을 때도 세워놓고 먹곤 했었는데,

어느날 같은 회사 인턴 친구랑 밥 먹으면서

엔시티위시 얘기가 나왔고,

'어! 일본 활동 아이돌에 관심 있으면 앤팀도 딱 좋아할 거'라며

강력 추천을 받았대.

그날부터 우리집 '브금(BGM)'은 엔시티위시에서 앤팀으로…

<u>흐흐!</u>

사실 하은이는 나랑 미야자키 하야오 애니를 싹 다 봐서

일본 문화나 애니, 영화에 친숙한 건 물론이고

다른 나라 문화에 거부감이나 위화감이 전혀 없거든.

눈 뜨자마자 영상이며 노래며 그와 관련된 거라면 뭐든

틀어놓고 머리 말릴 때도, 화장할 때도,

출근 준비하는 내내 앤팀이다.

멤버 대부분이 일본어를 쓰다 보니

녀석의 삶에 자연스럽게 일본어가 스며들었고

이제 우리집에선 너무나 자연스러운 언어가 됐다.

그러다 하은이랑 일본 여행을 같이 갔는데

기함할 정도로 일본어 습득 및 발화 속도가 어마어마하게

빠르더라 이거야.

특히 늙은 모친 챙겨 다니며 지가 짠 스케줄대로

자유여행 다녀야 하니 회화를 수시로 써야 하는 상황이었는데

첫날은 좀 어색해하더니 금세 유연한 발음과 제스처로

마치 현지인처럼 자연스럽게 말하게 되는 게

시시각각 느껴지더라구.

"하은아, 너 일본어 어떻게 이렇게 잘해? 미리 공부하고 왔어?"

"그랬겠냐? 그냥 자꾸 하다 보니까 되는 거지."

"우워어어~~~~ 천재냐?"

"엄마가 바보지."

"-_-;;"

맞고요.

내가 말하고 싶은 결론이 뭐냐면

모국어가 무지막지하게 탄탄한 아이는 마음먹고 외국어 공부하면

그냥 쾌속으로 끝내버릴 수 있다는 거다.

특히나 하은이처럼 그 대상을 좋아하고 광분하고 사랑하면

배속으로 더 잘해버리게 되는 건 덤!

'좋아하고 사랑하면 그 사람과 소통하고 싶고

결국 그의 언어를 익히게 된다'.

오케이?

결국 영어든, 일어든, 뭐든 엄마는

내 아이가 그걸 좋아하고 재밌어할 '환경'만 만들어주면

끝난다는 얘기다.

그래서 애 어릴 때부터 재미난 영어그림책

끊임없이 공수해서 읽어주고

더 재밌는 영어 DVD 틀어주고 같이 춤추고 노래하고

눈깔 빠지도록 보고 또 보면 된다 이거지.

어릴 때 못했으면 티처스 솔루션처럼

지금이라도 아이 수준에 맞는 영어책 찾아서

아이한테 머리 조아리고 백배 사죄하고

무슨 수를 써서라도 읽혀야지.

엄마가 조성한 '환경' 안에서 아이의 '동기'라는 조건이 더해지면

사실 언어 공부는 저절로 완성된다.

아이 마음속에 '해야 해서'가 아니라 '하고 싶어서'라는

불이 붙는 순간, 언어는 더 이상 공부가 아니라

취미가 되고 놀이가 되고

급기야 엄청나게 스스로 몰입하는 힘이 생긴다.

이때부터는 엄마가 끌고 가는 속도가 아니라

아이 스스로 액셀을 밟아 미친듯이 가속이 붙게 될 것이야.

단어를 외우라고 시키지 않아도 문장에서 단어를 주워 담고,

문법을 가르치지 않아도 '이 표현, 여기선 이렇게 쓰이네?' 하고

감을 잡게 되는 거지.

모국어가 단단한 아이일수록 이 속도는 더 무섭게 빨라진다.

이미 언어적 사고의 뼈대가 갖춰져 있어서

새 언어를 공부 과목이나 암기 대상이 아니라,

기존의 구조에서 무한대로 활용하고

여러 도구로서 쓰임을 확장하거든.

그래서 일어가 됐든, 스페인어, 중국어, 그 어떤 언어가 됐든

단시간에 익히고 능수능란하게 사용하게 돼버린다 이거야.

참고로 하은이는 수능 영어 만점 맞았고,

대학 입시 때 제2외국어 아랍어도 만점,

연대 1학년 외국어 과목에서 스페인어 선택해서 A+ 받았다.

언어를 습득해서 읽고 듣고 쓰고 말하게 되는 메커니즘이

아이의 몸에 장착되면 'N개 국어 천재'도 가능해진다는 사실!

언어는 강요할수록 느려지고, 좋아질수록 빨라진다.

엄마가 조성한 '환경' 안에서

아이가 좋아하고 몰입할 수 있게 '동기'를 북돋는 과정,

어릴수록 효율이 좋은 건 당연하고

중·고등 가서도 잊지 말아야 할 언어 교육의 필요 조건이다.

누구라도 할 수 있고, 언제든지 가능하다는 것 기억해.

마지막으로 아무 데서나 안 푸는 정보 딱 여기에만 쓴다.

1   Oxford Bookworms 옥스포드 북웜
2. Percy Jackson and the Olympians 퍼시잭슨과 올림푸스의 신들
3. The Hunger Games 헝거게임
4. Harry Potter 해리포터
5. National Geographic Kids 내셔널 지오그래픽 키즈
6. The Story of the World 스토리 오브 더 월드
7. Horrible Science 호러블 사이언스
8. Usborn for Beginners 어스본 포 비기너
9. An Inconvenient Truth 불편한 진실
10. Brain Rules 브레인 룰스

※ 시리즈 포함

닥치는 대로 쏟아부어,
할 수 있을 때

배경지식 축적의 중요성

상담이든, 강연이든, 모임이든 어떤 경로를 통해 만났건 간에

애들 교육 문제가 1순위 화두가 아닌 집이 없다 보니

앞, 뒤, 옆에서 슬쩍 들여다만 봐도 참 안타까울 때가 많다.

부모가 아이 공부에 대한 개념을 조금만 옳게 바로잡아도

서로 덜 힘들게, 돈 덜 들이고 '가성비' 좋게 갈 수 있잖냐.

그래서 꼭 하고 싶었던 얘기 좀 짚고 넘어갈란다.

자, 들어봐.

많은 부모가 교과 공부를 '문제집 많이 푸는 과정'이라고

생각하는데, 난 이거 어쏰~어마~한 착각이라고 생각해.

지금 당장 애들 교과서 펴서 쬐끔만 자세히 들여다 봐봐.

공부의 본질이 좀 다르게 보일 거다.

생각해 봐. 아이들이 학교에서 배우는 대부분의 내용은

새로운 단어와 개념을 이해하는 데서 시작해.

단어를 알면 개념이 보이고,

개념이 보이면 문제의 의미가 이해되는 거지.

그래서 공부 잘하는 애들은 딴 게 아니라

많은 어휘를 정확하게 이해하는 아이들이다.

근데 어휘를 하나하나 사전 찾아가며 외우는 방식은

분명 한계가 있고,

가장 재밌고 흥미롭고 빠르게 익힐 방법이 책이고 교과서니까

책 읽히고 교과서 읽히라는 거 아니냐.

특히 교과서는 '최고의 개념어 사전'이자

'궁극의 비문학 도서'이며

'논리와 원리에 100% 책임을 지는 문서'다.

내가 진짜 얼마나 여러 번 강조한 말이니?

애 점수 안 나오면 학원 보내지 말고 교과서 읽히라고

했어? 안 했어?

학년이 올라가고 공부량이 많아질수록

국어, 영어는 말할 것도 없고 사회, 과학, 심지어 수학까지도

곧 어휘와의 싸움이 되어간다는 것을 이해하게 될 것이야.

이건 하은이가 입시 치르면서 언젠가 했던 말이기도 한데

수학은 '숫자를 계산하는 과목'이라고 생각하기 쉽지만,

다르게 정의하면 '개념어를 이해하는 과목'이라는 거다.

방정식, 통계, 확률, 도형, 함수, 미적분이라는 단어가 대체 뭔지

이해하는 과목이 수학이라는 거지.

'미분'은 작을 미(微) 나눌 분(分)으로 미세하게 나눈다는 뜻이고,

'적분'은 분할한 것(分)을 쌓아(積) 모으는 개념이다.

이걸 이해하지 못한 상태에서 아무리 문제를 많이 푼다 해도

한계가 있을 수밖에 없어. 더구나 목표가 최상위권이라면!

근데 놀랍게도 어휘를 몰라도 글을 이해하는 아이들이 있어.

어휘력은 부족한데 성적 잘 나오는 아이들,

이 비밀이 대체 뭔 거 같아?

우리 수능 때 영어 지문 읽으면서 거기 나온 단어 100% 다

몰라도 문맥 유추하면서 내용 이해했던 거 기억하지?

그게 어떻게 가능했을 거 같아? 바로 바로

배경지식!

우리는 생판 모르는 새로운 정보를 받아들일 때

이미 알고 있는 것과 연결하며 이해해.

예를 들어 "전쟁에서 연패를 거듭한 장수는 결국 병사들의

150

신임을 잃었다"라는 글을 만났다고 쳐.

'연패'라는 단어를 생전 처음 접했다고 해도

전쟁 이야기를 하도 많이 읽어서 이기고 지는 승패에 대해

진즉 알고 있다면, 연달아 진다는 뜻의 '연패'라는 어휘쯤은

통밥으로 짐작할 수 있다는 거야.

이제 알겠지?

어휘가 부족할 때 배경지식으로 충분히 보완되는 거.

특히 수능이나 논술처럼 다양한 주제를 다루는 독해에서

배경지식이 차고 넘치도록 풍성하면

독해 속도가 확 올라붙고, 문맥 추론이 쉬워지고,

그래서 시간 효율 높아지는 거 더 말해 뭐해.

단순히 생각해 봐도 배경지식이 풍부하면

수업시간이든, 시험시간이든 '어? 내가 아는 건데?' 하고

반가워서라도 집중력, 몰입력이 좋아지고

지루함 혹은 긴장감은 훅 떨어질 거 아니야. 안 그래?

초등 공부야 일상적인 경험만으로 이해할 수 있는 내용이

많다 보니 배경지식 차이가 그닥 눈에 띄지 않겠지만,

중·고등 올라가서 역사, 지리, 사회, 철학, 화학, 물리 같은

더 넓고 깊은 세계의 이야기가 교과서에 등장하기 시작하면

배경지식 많은 아이가 월등히 유리해.

훗날 수능 시험장에 들어갔을 때를 상상해도

처음부터 끝까지 어디서 접해본 적도 없는

낯선 주제가 줄줄이 이어지는 거랑,

익히 알고 있거나 심지어 너무 좋아하는 주제를 만나는 거랑

어떤 게 유리하겠어?

기본적으로 수능 문제는 시중의 기존 문제지랑

겹치지 않게 출제되기 때문에

생판 모르겠는 내용부터 나와버리면

엉뚱하게 풀기도 전에 긴장하고 전두엽이 쪼그라들어서

틀릴 확률이 높아지는 거 아니겠어?

아무리 난이도가 역대급으로 높아도,

킬러 문제가 전국 수험생을 죽일 듯이 어려워도,

지 좋아하는 분야 확실한 애들은 보자마자

어떻게 풀어야 할지 단박에 파악해.

좋아하고 알고 있는 주제는 지문으로 나왔을 때

절대 쫄리지 않아.

이게 배경지식의 힘이다.

그리고 배경지식을 쌓는 가장 확실한 방법은 그래 그래,

이제는 짐작하고도 남겠지만 '독서'!

직접 경험할 수만 있다면 더 깊이 각인될 수도 있겠지만,

시간적, 공간적 한계가 분명하니까.

'용수철, 육교, 도민, 사서, 지양, 연패, 배척, 전수…'

용수철도 육교도 본 적이 없는 촌락 지역에 사는 친구들은

그럼 평생을 경험에만 의지한 채 지력을 키워나가야

한다는 건가?

동화책에 수없이 나오고 교과서나 자습서만 펼쳐도

끊임없이 나오는 어휘인데,

앉혀놓고 읽기만 하면 되는 건데,

이렇게 쉽고 빠르게 배경지식을 얻을 수 있는 방법이 또 어딨어?

가장 효율적으로 광범위한 배경지식을 쌓을 수 있는 행위는

역시나 책 읽기다.

아직 눈으로 못 봤다고, 직접 경험하지 못했다고,

까막눈으로 모른 채 넘어가는 일 없도록 책으로 배경지식

팍팍 늘려놔.

바로 지금! 할 수 있을 때! 한 살이라도 어릴 때!

닥치는 대로 쏟아부어 놓아야 절대적으로 유리해.

학년 오르고 공부 시간과 절대량이 필요한 때가 되면

배경지식이 늘어나는 속도 역시 한계가 있을 수밖에 없어.

초자극적인 디바이스들에 길들여지지 않은 지금,

어서 빨리 단순하고 시시해 뵈지만

진짜 흥미와 깊은 희열과 세상 모든 지식이 도사리고 있는

책으로 자꾸자꾸 끌어와.

초반의 진입장벽만 힘겹게 넘어가 버릇하면

흥미진진하고 스펙터클한 이야기와 지식 속으로 쑤욱

빨려들어가 깊이 생각하고 공감하고 유추하면서

사고를 확장하고 문해력 높이는 일등 공신인

다양한 어휘랑 배경지식을 충분히 쌓게 돼.

소통 능력도 향상되고 참을성도 좋아지고

집중력이 몰라보게 좋아지고 엉덩이 힘도 좋아지니

성적도 놀랍게 향상되고 칭찬받고 인정받아

자존감 그냥 팍팍 올라붙게 될 것이다.

나 말리지 마. 줄줄이 나열하다 날밤 새울 거야.

애한테 뭐 물려줄 거 많이 있어?

이런 공부 자산이라도 풍성하게 차고 넘치게 물려줘야지.

이 모든 과정이 벼락처럼 단기간에 불가능하니까

미리 곳간에 양식 채우듯 차곡차곡 쌓아두면

분명히 요긴하게 빼 먹을 날이 온다. 반드시!

책만큼
든든한 안전망이 없다

'애는 대체 무슨 생각을 하는 거야?'

사춘기 맞이하면 애가 어디로 튈지, 언제 튀어 오를지

매일매일이 예측 불가의 연속이다.

그렇다고 애미가 모든 순간 아이 옆에 붙어 있을 수도 없고,

하나하나 묻고 캐고 따져가며 통제할 수도 없잖냐.

이 와중에 당장 학원 시간 늘려야 하니 읽던 책 싹 끊어버리고

이중고, 삼중고 자초하고 멘탈, 체력 털리는 집 참 많이도 봤다.

일정은 쫓기는데 성적은 도통 오를 생각이 없고

뭐가 문제인지도 모른 채 사방에서 복합 위기를 맞이하는 거지.

당장 학원 수업에 올인하는 시간이 성적을 잠시 올려줄진

몰라도 얕은 문제풀이 기술에만 의존하면

홀로 생각하고 고뇌하는 힘, 선택하고 결단하는 힘,

위기에 휘청이지 않고 밀고 나가는 힘, 어떻게든 버텨내는 힘,

싹 다 빠지는 거 더 말해 뭐해.

훗날 입시까지 이어지는 마라톤 같은 길고 험난한 여정에서

끝까지 버티고 해낼 체력, 정신력, 지력은 어디서 나올 거 같아?

단연 책이다.

책은 강요하지도 설명하지도 않고 잔소리도 안 해.

근데 진짜 필요할 때 조용히 방향을 보여주지.

그래서 부모와 멀어진 공간에 책이 놓여야 해, 반드시.

혼자 고민하고 선택해야 할 수많은 기로에서

그간 읽었던 문장들이 아이에게 중요한 기준점이 돼주거든.

그래서 책은 지식을 주는 도구를 넘어

'아이 안에 심어놓는 작은 나침반'이다.

애 중고생 되고 공부 시간 길어져도

절대 손에서 책을 놓지 말아야 할 이유다.

아이 어릴 적 한글 떼고 읽기독립 시키려 부단히 노력했듯

이제 컸다고 마냥 손 놓는 게 아니라

사춘기 읽기독립도 꼭 필요하다고 본다, 난.

내가 생각하는 '사춘기 읽기독립'은

이라고 생각한다.

이게 가능해지려면 처음부터 너무 어렵고 수준 높아서

도통 실천하기 힘든 '고수의 독서법'이 아니라

누구나 시도하고 유지할 수 있는 지극히 쉽고 현실적인

'틈새 독서법'이 우리에게는 간절한바!

진짜 현실에서 어르고 달래고 구르고 멘탈 갈리면서

끝끝내 지켜냈던 '사춘기 현실 독서법' 5가지 친히 정리했다.

책은 무너지는 멘탈을 잡아줄 최소한의 안전 장치야.

매일 문제집이랑 씨름하느라 일상에서 책이 툭 끊기게 되면

결국 아이가 합법적으로 숨 쉴 구멍은 사라진다.

자기 사유 없고 자기 의지 없는 공부가 얼마나 갈 거 같아?

이 상태에서 학원, 사교육, 문제집만 줄창 밀어 넣으면

머리는 일하는데 마음은 탈주해. 진짜야.

사실 하은이 입시에서도 책은 허락된 도피처였어.

나 혼자 있는 쉼의 시간을 허락받는 유일한 통로랄까.

이걸 막아버리면 애는 결국 다른 구멍으로 튄다.

그게 폰이든, 게임이든, 침대든.

아이에게 숨 쉴 구멍이 책이 되면

이것만큼 든든한 안전망이 없다는 거다.

부지불식간에 어디로 튀든, 얼마나 튀든,

최소한 안전하다는 건 확실하잖냐.

그러니 어떻게든 독서를 끊지 말고 이어가.

끊어지면 이어 붙이기 백만 배쯤 힘들다.

장바구니에 담은 책, 정기적으로 결제하라.

사춘기 독서는 더더욱 '의지'가 아니라 '시스템'이다.

독서 시스템을 집에 만들어둔 것과 안 한 것은 천지 차이다.

그러니 엄마의 할 일은 다짐이 아니라 결제다. 꽝꽝꽝!

일주일에 한 번이든, 보름에 한 번이든 날짜를 딱 박아라.

'매달 1일, 15일은 책 결제일.'

애랑 온라인 서점 아이디 공유해서 수시로 장바구니에 담게

하고 엄마의 역할은 '카드 긁는 사람'이다.

어영부영 "이번 달은 바쁘니까…" "다음 달에 같이 보자…"

그러다 한 달 가고 두 달 가고 1년 보내고 독서 끊기는 거

내가 한두 번 보냐?

그동안 집에 재밌는 책 없고, 읽고 싶은 책도 없는데,

애한테 "요즘 왜 책 안 읽어?" 이게 말이 되냐고.

여러 번 말하지만 책은 빌리는 게 아니라 사는 거다.

그리고 산 책 중에 읽는 거야.

"나중에 도서관 가서 빌려볼게" 될 것 같아? 절대 안 된다.

책 읽고 싶은 순간은 예고 없이 온다.

숙제 끝나고, 씻고 나와서, 침대에 눕기 직전,

갑자기 스위치가 탁 켜진다.

근데 그때 집에 책 없으면?

그 욕구는 아이유 콘서트 예매창보다 빨리 닫힌다.

읽고 싶은 고 찰나의 마음은 결단코,

절대로 절대로 기다려 주지 않아.

그 순간을 잡아서 쭉 무한정 늘리고 싶다면

책은 이미 집에 있어야 해. 있는 상태여야 해.

그니까 사춘기 독서에서 엄마의 중차대한 역할은

성실한 다짐이 아니라 카드 긁고 나서 기다리는 거다.

셋,
책은 애가 직접 골라야 한다.

아동 독서에서 청소년 독서로 가는 길목에

이거 무시하면 큰코 다친다.

애 어릴 때야 엄마가 전집 검색해 들여놓고

아이 취향 찾는다지만,

사춘기 되어서까지 대신 골라주면

언제까지 쭉 이어갈 수 있을 거 같아?

사춘기 독서의 핵심은 '자기 결정권'이다.

독서를 쭉 이어왔다면 스스로 책 고르는 게

마라탕 토핑 담는 것마냥 쉬울 거고 재미날 거다.

심지어 설렐 것이야.

근데 뚝 끊겼다가 다시 하는 시점이라면

도움을 주는 게 마땅하지.

이럴 땐 두 가지 방법으로 독서의 물꼬를 터라.

출판사, 작가 두 가지 기준으로 검색하면서

온라인 서점 미리보기를 적극 활용할 것.

표지가 취향 저격에다 본문의 글씨 크기, 문단 길이,

문체와 호흡이 잘 맞고 흥미로워 보이면?

바로 사서 읽어보는 거다.

엄마가 일방적으로 골라서 들이밀지 말고

애가 고를 수 있게 판 깔아주라는 거야.

문학동네, 창비, 시공주니어, 사계절, 비룡소, 주니어김영사 등

청소년물 잘 내는 검증된 출판사 이름 쳐보고,

정세랑, 정유정, 구병모, 김영하, 김혜정, 요시다케 신스케,

히가시노 게이고 등 이름난 작가 신작이나 인기작 훑어가면서

그중 뭐든 골라 읽다 보면 애 스스로도 뭘 좋아하는지 알게 돼.

그렇게 각 출판사 청소년 문학선 시리즈를 훑어가도 좋고,

작가에 푹 빠져서 그 작가의 또 다른 작품을 따라가도 좋지.

간혹 자기 분야가 확실해서 비문학 먼저 좋아하는 경우도

있지만, 대체로 문학으로 시작해 비문학으로 가는 경로가

더 보편적이다.

"이 책 지금 꼭 봐야 돼. 너한테 꼭 필요한 책이야."

아무리 아이한테 이득이 되는 책이라도 강요하면

고문이 되고 형벌이 된다.

재미도 없고 몰입도 안 되고 읽는 척만 하다 끝날 게 뻔해.

애가 고른 책이 수준 낮아 보이고 얕아 보여도

뭐가 좀 맘에 안 들어도 그냥 좀 냅둬.

일단 고르는 재미를 온전히 알아야 다음 단계가 온다.

넷,

읽다 덮는 것도 독서다.

읽다 노는 것도 독서다.

사춘기 독서에서 책 읽는 태도를 절대 논하지 말 것!

이때는 태도보다 접근성이고, 유지하는 과정이 훨씬 중요하다.

아이가 책을 읽다가 덮는 경우는 딱 두 가지다.

너무 쉽거나, 너무 어렵거나.

너무 쉬워서 덮은 책은 사실 안 읽어도 된다.

애가 그 수준을 벌써 뛰어넘었다는데? 잘해 나가고 있다는

증거야.

너무 어려워서 덮은 책도 실패가 아니다. 절대!

다시 펼칠 가능성을 남긴 상태잖아?

어느 날 다시 느닷없이 집어 들어.

1년 후, 3년 후, 5년 후, 혹은 10년 후에라도 집에 그 책이 있다면

어느 날 왔다 갔다 하다가 읽는다. 내 장담해, 보장한다.

지적 능력이 일취월장 훌륭해진 내 아이가 책장에서 불현듯

그 책을 꺼내 이렇게 중얼거리는 순간이 온다니까.

"어라~ 그땐 어려워서 읽다 말았는데 이젠 쉬운데? 괜찮은데?

읽다 보니 재밌는데?"

훌쩍 성장했다는 증거가 이거 말고 더 뭐가 있어?

그래서 쉬워서 덮든 어려워서 덮든 상관 없다는 거다.

읽다가 놀아도, 읽다 먹어도, 읽다 자도, 다 괜찮다.

책을 덮을 자유가 있는 아이만 다시 책을 집으니까.

다섯,

엄마는 '독서 관리자' 말고 '독서 동거인'이 돼라.

엄마가 책에 미쳐서 주야장천 읽으면 사실 다 끝난다.

일부러 좋은 책 권할 것도 없고 독서 환경이 끊어질 일도 없다.

자연스럽게 흥미 유발, 독서 큐레이팅, 시스템 구축, 다 되잖니.

사춘기 독서에서 가장 이상적인 엄마의 모습은

'읽는 사람으로서 같이 존재하는 것'.

그니까 관리하지 말고 평가하지 말고 비교하지 말고

읽는 사람으로 그냥 같이 사는 거다.

"너 이거 언제 다 읽을 거야?" "너 읽다가 또 덮었지?"

묻고 재촉하고 채근하면 책은 적이 될 게 뻔한바

통제하는 독서 말고, 끌고 가는 독서 말고,

책 읽는 엄마가 한 공간에서 같이 살고 있는 것만으로

아이에게 더할 나위 없는 독서 환경이 제공되는 거야.

이게 바로 세상 자연스럽고 효율적인 사춘기 독서 환경이자

실패 없는 독서 유지 비법이다.

입시
애 중·고딩 되고 책부터 싹 끊어버리는 집.
생각 하는 힘
고뇌 하는 힘
버티는 힘
홀로 결단하고 해내는 힘
싹 빠진다.

길게 공부할 힘
버틸 정신적 체력
어디서 나오냐고?
책이다.
사춘기 현실 독서법 다섯가지

하나, 책을 아이의 안전망으로 만들어라.
허락된 도피처
숨 쉴 구멍
끊어지면 이어붙이기 힘들다
백만 배쯤

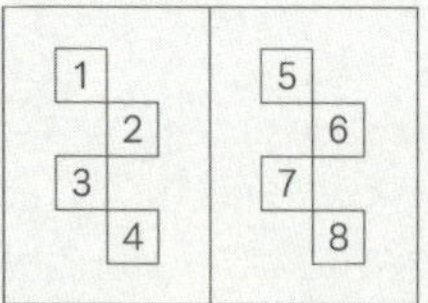

1
2
3
4
5
6
7
8

둘, 장바구니에 담은 책, 정기적으로 결제하라.
엄마의 역할은 카드 긁는 사람
사춘기 독서는 시스템이다

책 읽고 싶은 순간은 예고 없이 온다
책은 이미 집에 있어야 한다.
카드 긁고 나서 기다리는 거다

셋, 책은 애가 골라야 한다.
출판사 검색
직접
작가 검색
온라인 서점
미리보기
애가 고른 책이 맘에 안 들어도 그냥 좀 냅둬

넷, 읽다 덮는 것도 읽다 노는 것도 독서.
이젠 쉬운데?
읽다보니 재밌는데?
내 아이가 이렇게 중얼거리는 순간이 온다

다섯, 엄마는 '독서 동거인'이 돼라.
너 이기 언제 다 읽을 거야?
읽다가 또 덮었지?
엄마가 주야장천 읽으면 사실 다 끝난다

현실은 냉혹해,
정상 참작은 없어

무슨 거대 담론을 논하자는 거 아니다.

내가 어디 그럴 사람이냐?

이제 복잡한 건 딱 질색이야.

거추장시러운 거 딱 싫어.

내 메시지는 항상 그렇듯 단순, 담백, 심플하다.

'애 잘 키우자. 날 때부터 클 때까지!'

이 말 하려고 책 쓰고, 블로그 글 포스팅하고,

강연하러 전국을 쏘다닌다.

서울에서 나고 자란 내가 이렇게 전국 팔도를 유랑하게

될 줄이야.

1400회가 넘도록 육아 강연장을 꽉 채워준 엄마들,

수만 명에 이르는 블로그 이웃들(+기웃이들),

새 글마다 수백, 수천 개씩 댓글이 달리며 시작되는 난상 토론들,

그렇게 수시로 이뤄지는 온·오프라인에서의 새로운 만남

속에서 느끼는 게 너무 많고

감사함은 이루 말할 수가 없다.

누군가를 새롭게 만난다는 건

그 사람의 인생이 나에게 뚜벅뚜벅 걸어들어오는 일이거든.

상담 중, 잠시의 실랑이 끝에 거친 숨소리가 오간 후

시퍼런 사시미 눈알을 부라리며 묵음으로 조지다 보면

그 친구가 조용조용 고해성사를 시작한다.

"맞아요, 언니. 언니 말이 맞아요.

제가 하다 말았어요.

힘들어서도 어려워서도 아니었어요.

하기 싫고 귀찮고 잘 안되니까 슬그머니 놔버렸어요, 제가.

애는 잘못 하나도 없어요.

수학을 못하는 것도, 영어를 싫어하는 것도 다 제 탓이에요.

언니가 진즉에 다 알려줬는데, 끊임없이 가르쳐줬는데, 휴~"

"그래, 노가다야. 그냥 삽질.

변명거리가 없어. 그냥 하는 거야, 육아는.

책도 영어도 애 뒤치다꺼리도 꾸준하게, 그냥 쭉!"

"맞아요, 언니."

"개노가다. 어려운 게 아닌, 하기 싫은 노가다.

그니까 승산이 있고 희망이 있는 거 아니겠니?

남들이 끈질기게 안 하니까. 그렇게까지는 엄두를 못 내니까.

무식하게, 멍청하게, 한결같이 그냥 하면 되는 거잖아.

그럼 어느 자리든 선점하게 되고 팍 치고 올라가게 되는 거라고."

"우리 큰딸 고2인데 지금도 안 늦었겠죠?"

"그러~어엄, 야! 늦기는 개뿔~ 절대 안 늦었어.

정승제 샘이 고3도 안 늦었다 그랬잖아.

맘먹기 나름이야. 일단 너부터…"

"언닛! 다이소에 망치 팔아요? 스마트폰 깨부수게요."

"팔어! 앞장서!"

하은이라고 매일이 수월했겠어?

처음부터 알아서 착착 잘했겠냐고?

정말 지루하고 따분하고 재미없고 하기 싫던 육아.

그중에도 책 읽히기.

더 싫었던 영어책 읽히기.

더 짜증 나고 맨~날 싸웠던 영어책 집중듣기.

그나마 김 빼주고 흥미 돋워줬던 영어 DVD 보여주기.

멋들어지게 매일매일 계획한 대로 탁탁 해냈을 거 같아?

나라고?

실컷 놀 거 다 놀고 뻘짓할 거 다 하고 자기 직전에,

아니 죽기 직전에 진짜 간신히

어찌저찌 어떻게든 그냥저냥 해낸 날이 훨씬 더 많다.

와…… 그 시절에 나 이거 어떻게 다 했다니?

나 진짜 맨날 어떻게 그걸 했지?

보이지 않는 멱살잡이와 따귀 갈기기와 3단 날라차기의

나날들…

나도 죽겠고 애도 죽겠는 시간들…

그게 우리 매일의 루틴이었고

재산도 뭣도 없는 내가 그나마 애한테 물려줄 유일한

유산이었어.

하긴, 지금 그거 안 하면 뭐 할 건데? 어?

어차피 시간은 똑딱똑딱 흘러갈 건데

사춘기 정면 돌파 중인 이 절체절명의 시기,

이 황금 같은 시간에 뭐라도 의미 있고

지식을 함양할 수 있는 행위들로 채워야 할 거 아냐.

의미 없이 하루, 일주일, 한 달, 일 년 채워봤잖냐.

그냥 머물러 있고, 아니 점점 더 멍청해지고 퇴보하며

세상에 물들어가는 그 더러운 기분 너무 싫잖냐.

그지 같은 그 느낌 너도 충분히 알잖냐. 느껴봤잖아.

그래, 그냥 하자.

그냥 하면 되는 거잖아.

아무도 몰라줘도, 누구도 안 알아줘도.

나라 탓, 동네 탓, 조상 탓, 남편 탓, 시댁 탓, 애 탓, 누구 탓

해봤자 아무도 정상 참작 안 해줘.

현실이 얼마나 냉혹하니?

AI는 빛의 속도로 발전해서 온갖 일자리 위협하고

부동산은 나날이 고공행진이라 노동 자산으로만 구매하는 건

택도 없고

기업들은 취업문 옥죄고 지들 생존하기 바빠 죽겠는데

잘못 키운 애한테 '정상 참작'이란 걸 해줄 거 같냐고?

성실한데도 밀려나고

유망한 전공자도 일자리가 없고

대학을 나와도 대체 가능한 인력이 되는 이 마당에

삐끗한 내 육아 누가 와서 보듬어주고 보완해주고

살펴줄 거 같아?

"아, 이 시기에 누구 탓하다가 삐끗해서 애 국어를 놓치셨네요.

참작해서 점수에 반영해 드려야죠."

누가 이렇게 해줄 것 같냐고?

택도 없어!

내가 해야 돼. 엄마인 내가.

누가 뭐래도, 누가 말려도 내가 해야 된다고.

AI가 못 하는 인간의 영역, 영원히 따라갈 수 없는 사람의 능력,

뭘 거 같아?

그래. 사고력, 판단력, 상상력, 질문력.

AI는 답을 빠르게 찾아내. 근데 질문을 만들어내진 못해.

AI는 정리 한번 끝내주게 해. 근데 의심하지는 못해.

AI는 오차 없이 계산해.

근데 종합적으로 사고해 판단하는 건 오로지 사람이 한다.

이런 능력을 함양하는 유일한 방법?

그래, 책!

책은 즉각적인 보상을 주지 않지만,

장기적으로 이 모든 능력을 함양해줘.

스크롤 내리는 행위로는 아무것도 남지 않지만,

책은 아이에게 끊임없이 요구해.

상상해 보라고, 맥락을 따라가라고,

앞에서 읽은 내용을 기억하라고,

이 장면이 왜 이렇게 흘러가는지 생각하라고.

그리고 끊임없이 묻는다.

너는 어떻게 생각해? 왜 이렇게 됐을까?

만약 네가 주인공이라면?

그래서 책을 많이 읽은 아이는 문제 앞에서 바로 반응하지 않고,

한 박자 멈추고 생각한다.

이제 알겠지?

이 한 박자가 AI 시대엔 어마어마한 차이를 만들 거라는 거.

AI가 더 똑똑해질수록, 사람은 더 단단해져야만 해.

쉽게 흔들리지 않는 사고력,

당장 답이 없어도 버티는 힘,

뭐가 어그러져도 다시 선택하는 배짱.

이건 학원에서 안 길러진다.

선행 학습으로 절대 안 만들어져.

오직 읽고 생각하고 자기 언어로 정리해본 아이에게만

생기는 능력이야.

시대가 아무리 변해도 성능이 고유한 무기부터

아이에게 쥐여줘야 해.

그게 책이다. 지금도, 앞으로도!

지금 나와 하은이가 현실에 발목 잡히지 않고 미래를 논할 수

있는 건 애 키울 때 끝없이 한 '노가다' 덕이다.

매일매일 밥하고 설거지하고 청소하고 빨래하고

나가서 걷고 계단 오르고 전집 사 나르고 영어책 사 쟁이고

매일매일 '집들 했냐? 안 했냐?' 애랑 처싸우고

"엄만 상냥하게 대하겠다 해놓고 또 그러냐? 엉엉~"

슬피 울며 잠든 애 머리맡에 사과 편지 써놓고

나가 죽자 자책했던 그 노가다.

그래, 그 덕이야.

알아주는 사람 1도 없어도

한때 그토록 사랑했던 남의 편조차 인정 안 해줘도

그냥 간다.

그냥 한다.

'육아라는 노가다.'

애 사춘기 끝날 때까지, 입시 다 치르고 성인 될 때까지

알고리즘은 오로지 내 '손가락'이다.

내가 사는 전집!

나랑 애랑 고르는 단행본!

내가 해 맥이는 밥!

내가 트는 영어 DVD!

그래, 알고리즘에 지배되지 않는 사춘기 육아란 바로 이런 거다.

4장

엄마가 잘해야
애도 배우지 않겠어?

강남 자가에 대기업 다니는 김이사 이야기

“도망가지 마, 버려
피하지도 마, 해내 ”

강남에
집을 샀다

4년 전 돌아가신 아버지는 물론 엄마도

평생을 빚 한번 져보지 않고 사셨다.

대학교 때 비싼 영어테이프 세트를 카드 할부로 샀다가

아빠한테 들켜서 석 달 열흘을 혼나고

귀에 피가 나도록 잔소리를 들었다.

참고로, 아빠는 나를 때리진 않았다.

내가 여덟 살 되던 날,

집 옥상에서 떨어져 뇌 수술을 받고 죽다 살아나

3년 넘게 자다가 잠꼬대처럼 헛소리를 해댔었거든.

선미 재 곧 죽을 것 같으니 손찌검은 제발 하지 말라던

엄마의 말이 잠결에 들리곤 했던 거 같다.

그러던 내가 작년에 거액의 대출을 받아

강남 아파트를 사서 들어왔다. 대출 얼마 받았냐고?

무덤에 계실 울 아부지가 벌떡 일어나실 만한

실로 어마어마한 금액이다.

5년 전 큰 사기를 당해 적지 않은 전 재산을 다 잃고,

배신과 유기로 죽음을 떠올렸던 내가 겁도 없이 해낸 짓이다.

하~.

살고 있던 잠실 아파트 전월세가 만기되어

당장 이사 갈 곳 알아보면서 많이 무리롭지만 이번엔 꼭

대출 풀로 내더라도 내 집 사서 가자는 결심 아래

하은이 입시 치를 때 살았던 강동 고덕에 집을 보러 다녔는데,

같이 알아봐주던 조직원 주형이가 문득 내 월 수입이 얼마냐

묻더니

"어머~ 언니~ 재건축 예정된 강남 아파트도 가능하겠다!"며

이참에 갈아타기 화끈하게 바로 강남으로 직행하면

어떠냐고 하더라고.

어후~ 말도 안 돼~ 절레절레 손사래 치고

그냥 고덕에 아파트 몇 집 보고 돌아왔는데

가심이 몽실몽실 콩닥콩닥 잠이 안 오더라고.

강남, 강남, 강남, 강남이라니….

사실 내 이렇게 미친듯이 열심히 발버둥 치며 사는 거

가난만큼은 내 대에서 끊어내고 싶어서였거든. 완전히!

누군가에겐 돈 얘기가 속물처럼 들릴지 모르지만,

가고 싶은 곳에 갈 수 있고 하고 싶은 일을 선택할 수 있고

누군가를 도울 여유가 생기게 해주는 돈.

뭣보다 내 자식 눈치 보지 않고 하고 싶은 공부 맘껏 시키고,

노후에 자식한테 기대는 일 없이 온전히 나로서

살게 해주는 것도 돈이잖냐.

누군가의 자산을 설계해주는 일이 내 직업이기도 하지만,

절대 허튼 데 돈 쓰지 않고 아등바등 알뜰살뜰 저축하고

매일 같이 돈의 흐름 읽어보려고 신문 보고 책 보고

온갖 정보 찾아가며 돈 공부하고 투자하며 자산 불리는 일 역시

게을리하지 않았던 것도 바로 이런 이유였다.

나 역시 정석대로 한 단계씩, 한 급지씩 올려 갈아타기 하면서

부동산 자산을 늘릴 계획과 준비는 항시 하고 있었지만,

강남 아파트는 지금은 감히 넘볼 수 없는 종착지 같은 거였어.

그렇게 맘을 차곡차곡 접으려던 중에 느닷없이

토지거래허가제가 풀리면서 강남 집값이 폭등하기 시작하는데

일주일에 막↗ 1억씩 헉~ 맘이 더 지랄발랄해지는 거야, 이거 원!

'그래, 아무 일도 안 하면 아무것도 바뀌지 않는다.'

그날 덜컥 강남 대치동 아파트를 계약해 버렸다. 겁도 없이!

갑자기 들썩이는 부동산에 이미 나온 매물도

잠기고 회수되고 취소하고 거둬들이고 난리부르스통에

집 내부는 보지도 못하고 계좌 받자마자 가계약금 쏴버렸어.

문제는 현금이 죄다 청약한 거제 아파트랑

갭투자한 목동 아파트에 꽉 물려 있었다는 것.

계약금 간신히 맞춰내고 이후부터 1차, 2차 중도금 랠리가

시작되는데 와~ 미쳐버리겠드만.

물려버린 집들은 당최 팔릴 생각을 안 하고

무피에 마피로 내려도 깜깜 무소식….

내 노력과 안간힘으로도 도저히 해낼 수 없는 게 있다는

무력감과 왜 그런 아파트를 덜컥 계약한 건가…

그때는 최선이라 여겼었는데…

심한 자책과 후회로 내 아까운 머리털 다 빠지고,

회사 시책으로 간 일본 여행 중에 최고급 마사지를 받아도

누워있는 2시간이 생지옥처럼 느껴졌다.

그래도 또 어찌저찌 그리저리 하여 간신간신 끼둑끼둑 애쓴

덕인지 자포자기할 때쯤 기적적으로 목동 아파트가 팔리고

곧이어 거제 아파트도 팔리면서 숨통이 조금 티드라고.

주여~ 아부지!

사람 죽으라는 법은 없더구면.

게다가 계약한 날로부터 얼마 후에 초고가 아파트 대출 규제가

발표돼 대출이 묶여버렸는데

딱 열흘 상간으로 그 규제를 간신히 피해 갔고

그 사이 kb시세가 많이 올라줘서

잔금 치를 땐 주담대가 예상보다 더 나와주면서

하은이랑 나 두 모녀 강남 아파트에 무사 입성했다, 흑!

꼴랑 간장 종지밖에 안 되는 년이

대서양을 퍼담고도 남을 함대가 되겠다고 뛰어들었으니

말이 되냐고, 이게. 완전 미친 거지.

지가 안 쫄리고 배겨?

자다가고 눈이 번쩍 떠지고, 먹다가도 속이 터지고,

물리고 막히고 도저히 불가능할 것 같은 문제들을

습자지 한 창 차이로 아슬아슬하게 해결해가며

정말 기적과도 같이 들어온 내 집.

큰 사기 당해 재산 홀라당 다 털리고 알거지 된 내가

불과 5년 만에 혼자 힘으로 일궈 입성한 내 집.

이삿날 짜장면 먹으며 끄억~ 눈물이 났다.

누가 그러더라고.

어떻게 김선미 인생에는 '개걸윷'이 없냐고?

'모 아니면 도'다 이거지. 크크크.

돌아보니 진짜 내 인생 최고가로다가 급사고를 친 셈인데

죽을 똥 살 똥 수습하다 보니

어거지로 강제 급성장이 이뤄져 버리더라고.

난 뭐 인생이 항시 그랬어.

제대로 착착착 순차적으로 진행되는 게 뭐가 하나도 없고

막 그냥 막 어어어어~ 떠밀리듯이 일 치고 수습하고

넘어지고 털고 인나고 아주 그냥 인생 스펙터클 그 자체다. 와~

멘탈 죄다 털리고 후회와 걱정과 자책국에 맨밥 말아 잡숫느라

고생 참 많았지만,

진짜 피똥 싸며 울며불며 악다구니 쓰고

발버둥 치면서 참 많이도 배웠다.

이것만큼은 확신할 수 있어.

이미 벌어진 사고 잘 수습하고 내가 저지른 사고 역시

온 힘을 다해 책임지는 과정에서

전보다 나아지고 훌쩍 성장해 있다는 거.

이건 100% 장담해.

흩어진 상황을 정리하고 다시 균형을 맞추고

어떻게든 원상 복구하는 데 몰입하다 보면

전에 몰랐던 걸 알게 되고 못 했던 걸 해내게 되고

겁났던 일들도 덜 두려워져.

아무것도 안 하고 가만히 앉아만 있으면

사고도 없고 수습할 일도 없고 성장할 기회도 없겠지.

내가 이 과정을 뚫어낸 건

특별히 대단해서도 아니고 담대해서도 아니고

내가 벌인 일에서 '도망치지 않았기에' 가능했던 거다.

육아도, 인생도, 똑같다.

완벽하게 해결하지 못한대도

벗어나지만 않으면, 포기하지만 않으면, 그럼 어떻게든 된다.

어떻게든 흘러가고 결국 다 잘 된다고.

봐봐. 그렇잖아. 다 해결되고 수습되잖아.

살아보니 그래. 힘들어도 좀 버텨.

악을, 악을 쓰면서. 알겠지?

도망가지만
않으면 돼

'육아 + 인생' 세트로 잘 풀리는 비법

김선미 인생에서 뭐가 제일 쉬웠냐고? 응, 책육아.

책육아가 제일 쉬웠어요. 진짜다, 리얼.

시끄러? 띠꺼워? 짜증나?

난 지금 애 키우느라 힘들어 돼지겠는데

니는 뭔 귀신 씻나락 까먹는 소리냐구?

근데 사실인 걸 어떡하냐.

애 키우고 있는 지금이 아주 죽겠어?

하루하루가 아주 전쟁 같지? 미쵀버리겠지?

쳇! 집이 전쟁이면 사회는 지옥이야. 장난 아냐.

여기저기 쫓기고 물리고 뜯기고 생지옥이 따로 없어.

애는 내가 큰 실수하고 큰 잘못을 저질러도 봐주고

용서해주잖아.

미안하다고 사과하면, 괜찮다고 엄마가 젤 좋다고 풀썩

앵기잖아.

것도 천 번을, 만 번을.

사회에서는 실수 한 번에 잘리고, 거절당하고, 대체되고,

큰 계약 놓치기 일쑤고, 정신 살짝 놓으면 순식간에 나락으로

떨어져.

냉혹하고 처절하기 그지없는 야생 그 자체!

애 키우고 나서 일 다시 시작하면서

난해하고 혼란스럽고 황망한 순간들마다

무슨 생각 제일 많이 들었는 줄 아니?

낮에 땀에 쩔어 뛰어다니며 실컷 놀고 나서 조용한 밤,

새벽녘까지 책 읽어달라던 어린 하은이 내 무릎에 앉혀놓고

2시고 3시고 밤늦도록 책 읽어주던 그때가

호시절이었고 꽃길이었구나. 천국이 거기였구나.

그때가 그립… 어브브~ 퉷퉷! 취소 취소!

절대 그립지 않구여. 억만금을 줘도 죽어도 안 돌아갈 거구여.

징그러 징그러. 맞아. 힘들어. 그래 그래.

할턴 뭐가 그리 바쁘고 정신없고 힘들었던 그때가 참

내 인생에 다시 못 올 행복하고 여유롭고 따땃한 순간이었구나

그런 생각 진짜 많이 했어.

내 의지로 딴 데 눈 안 돌리고 내 애만 보면 되잖아.

목표도 단순했고 (똑똑하고 행복한 아이로 키우기),

일상도 심플했고 (실컷 놀리고 + 책 읽히고 + 영어 DVD 봬주고),

몸만 좀 힘들면 됐고 (그래서 머리만 대면 잠이 쏟아졌지, 수면장애가

먼가여?),

돈 쓸 일도 별로 없고 (중고책, 중고 DVD, 물려입힌 옷,

김+계란+김치, 놀터랜드, 거실 영화관)

왕따 엄마랑 왕따 자식 합체로 친교비 거진 제로라

저축도 많이 할 수 있었고 말이지.

단조로움, 따분함, 무료함을 동반한 무한 반복의 루프를

견디기만 하면 되는 게임이었어.

애도 잘 키우고 나도 잘 크는 게 어렵고 복잡한 게 아니었다구.

사회 나가 돈 벌어보니 이거 원 매 순간이

변수와 변주의 연속일 뿐더러

이제 좀 알겠다 싶음 예측 불허의 더 큰 쓰나미가 몰려닥쳐

정신을 못 차리게 하드라고. 진짜.

남의 호주머니에서 내 호주머니로 돈 끌어오는 것만큼

힘든 일 또 없다는 게 분초 단위로 느껴지더만.

근데, 근데에~~~~~ 내가 그걸 또 참 잘하드라고!

대따 잘 벌어, 돈을. 음하하!

일을 겁나게 잘해. 우헬헬!

나도 내가 이럴 줄은 몰랐어. 전혀 몰랐어.

비결이 뭐였는 줄 알어?

세상 나가는 순간 실시간 지옥 체험하는 거 맞는데

집구석에서 미리 '지옥 유황불 육아 + 슈퍼 진상 고객 접객'을

징그럽게 징하게도 체험하고 나갔더니만 다 할 만해.

말 보여달래서 말 보여주러 갔더니 말 보여줬다고 뿌엥~

지랄발광~ 난리부르스~

말도 안 되고, 이해도 안 되고, 어이도 없고,

받아들여지지도 않고 예측은 죄다 비켜나가고,

계획은 모조리 틀어지고, 매 순간이 선택의 연속이었던

육아의 일상을 온몸으로 울며불며 헤쳐나간 시간들이

나도 모르게 몸과 마음과 정신에 스며들고

촘촘히 훈련의 시간으로 쌓여

애지간한 충격에도 그닥 당황하지 않고

빠르게 반응해 나가게 되더라고.

산전수전 공중전 우주전 올킬 막강 파워~!

그리고 아가 하은이 키우면서 제정신(?)일 때는

항상 라 샵으로 톤 한껏 끌어올려 얘기했었어.

"어멋! 너무 이뻐 우리 애기"

"세상엘~! 이걸 하은이가 만든 거야? 엄마 줄려고?"

"꺅~! 우리 하은이 어떻게 이런 생각을 한 거지? 이게 말이 돼?
으헝헝~."

"꽥! 으악! 미쳤어! 털썩! 오마이갓!"

곁에 있던 지인이 부끄러워하고

지나치던 사람들이 힐끗거릴 정도로 목청껏

내 고명딸 하은이를 칭찬하고 감탄하고 칭송해댔다.

보고 배운 거? 으음~ 단 1도 없었다.

책에서 보고 쓰고 줄 치며 체화했다.

오로지 나만을 바라보며 "우리 선미~ 의규~" … 전혀 기억에

없다.

진실은 엄마, 아빠만이 아실 테지만

성장기 내내 난 주눅 들어 있었고,

못난 내 외모로 인해 앞에 나서기는커녕

수업 시간에 손 한 번 든 적 없었다.

타고난 재능도, 뛰어난 지능도, 보통의 외모도 지니지 못한 나는

평생을 구석에 찌그러져 튀지도 도드라지지도 말고

조용히 살아야 한다는 생각뿐이었다.

이랬던 나도 애 책육아, 내 책육아로 성장을 거듭하며

슈퍼 맨파워를 장착!

‘사건 발생 → 빠른 대처’ ‘진상 출현 → 도가니 대응’ 하며

‘오야오야~ 니 똥 굵어~ 미안 죄송~ 날 죽여줘~ 니가 옳아~’

이게 저절로 되고 급기야는 감동 받은 슈퍼 진상이

충성 고객으로 돌변해 버리는 기술을 발휘하니

나도 개깜놀하고 주변도 놀라 자빠지게 된 거라 이거다.

사실 육아만큼 비상식적이고 비합리적인 상황으로 둘러싸인

일이 또 어딨겠어?

어처구니 없고 빈정 상하는 일 수두룩하지만

아직 어리니까, 내가 낳은 자식이니까,

그 이유만으로 이해하고 넘어가고 덮어주고 받아주고

폭풍 칭찬하고 감탄하는 거잖아.

「폭싹 속았수다」에서 애순이, 관식이 엄빠가

금명이 짜증, 투덜 “오야오야” 다 받아주고

“우리 딸 최고!” 해주는 것처럼.

이 세상엔 피해 갈 수 있는 일도, 피해 가야 할 일도 많다.

허나 온몸으로 통과해야 할 일도 분명히 있어.

까꿍이 아가든, 사춘기 절정이든

애 키우는 일. 그리고 내 가족 거둬 먹이는 일.

바로 이 두 가지는 절대 도망치면 안 되는 거다.

이 신성한 책무를 오롯이 해내는 건 애한테는 물론

부모 입장에서도 최고의 축복이 아닐 수 없다.

희생하는 게 아니야, 절대.

다 나한테 쌓여서 내공이 되고 뭐든 다 쉬워져서

육아도 인생도 세트로 잘 풀리게 된다니까 진짜!

나 자신을 믿고 내 경험치를 믿고 '못 먹어도 고'!

아님 빠꾸하면 되지 뭐, 안 그래?

하루하루 애랑 부대끼고 뒹굴면서

이렇게 저렇게 요리조리 키워내다 보면

어느덧 내가 아니라, 애가 말이지 나한테 이런 말 할 날이 와.

"아니다 싶음 빠꾸! 수 틀리면 빠꾸해, 엄마.

엄마 뒤에 나 있어!" 하고.

그러니까 쫄려도, 죽겠어도, 우찌 됐든 가보는 거야. 학~씨!

언니 따라 대차게 사는 거다. 오케?

온·습도를
지배하는 자

내 인생 통제자로 살기

'아, 짜증 나. 개피곤해. 눈 안 보여. 이노무 갱년기. 더워 죽겄…'

애도 사춘기라 매일매일 급변하지만, 애미도 갱년기라

하루하루가 다르다.

사춘기 대 갱년기 붙으면 누가 이길 거 같아?

켁~ 아무도 못 이겨. 둘 다 뒤져.

그냥 하루에도 몇 번씩 폭풍 전야와 태풍 사이를 오가는 거다.

그렇다고 오만 인상 찌푸리고 투덜대며 하루를 시작해봤자

누구만 손해다?

나, 바로 나! 나만 손해다.

그러니까 조용히 입 닥치고 에어컨 빵빵하게 틀고
만세삼창하듯 '감사합니다' 뇌까리며 욕실로 향하시라.
그냥 오늘이 평소보다 더 힘들고 피곤하고 짜증 나는 건
요즘 인생 중차대 목표이자 미션인 '7시간 수면'을 못 지켜서
그런갑다,
더워서인지 습해서인지 새벽녘 눈을 딱 떠버리는 바람에
그래서 그런갑다,
추정하고 파악하고 인정하면서.
다른 날보다 영양제 더 넉넉히 입에 털어 넣고,
혹시 몰라 개비싼 오쏘몰도 백에 하나 챙겨 넣고,
메이크업도 더 곱게 뜯들기고 눈두덩이에 글리터까지 올리고
일하러 가는 거다.
하던 대로! 변함없이!
'자고로 알고 당하면 덜 아픈 법'.
내가 나의 상태를 잘 파악하고 있어야 하는 것이야말로
나와 내 주변인에 대한 최고의 배려 아니겠어. 안 그냐?
변화를 인지하고 나에게 미치는 임팩트에 반응하는 능력,
'메타인지'.
현재 내 멘탈과 컨디션이 왜 이 지랄인지 모른 채
온갖 주변 탓질하며 주변에 다크 무드 뿜뿜 대는 것만큼
후지고 모냥 빠지는 일이 또 읎잖냐.

과거의 내가 딱 그 모양이었그덩. 완전 딱!

(뭐 지금이라고 그닥 훌륭하진 않지만!)

내가 어떤 사람이고,

어떤 히스토리 속에서 만들어져 온 인간이고,

뭐에 예민하고 영향을 많이 받는지를 제대로 파악해서

내 가능 범위 내의 여러 요소들을 적절히 통제하는 일.

요즘 내 화두다. (뭔 놈의 화두가 맨날 수십 개냐?)

그래서 우리 집에는 책이랑 책상밖에 없다.

극단적 미니멀리스트까지는 아니지만

집에 뭐가 도통 없고 휑하다.

만약 살림살이를 들이더라도 죄다 화이트로 통일해서

있어도 없는 것처럼 보이게 하는 이유도

눈에 거슬리는 것 없이, 발에 걸리는 것도 없이,

누수되는 에너지 아껴 내가 원하는 곳에 쓰기 위해서다.

15년 전쯤 우연히 비우기에 관한 책을 읽다가 가슴 깊이 깨닫고

그날 바로 100리터 쓰레기봉투 5개를 다 채우고도 모자라

경비실에서 얻어온 포댓자루 10개를 이틀에 걸쳐 꽉 채워

내다 놓으면서 치를 떨었다.

도깨비 방망이 2개. 요플레 제조기 2개, 온갖 모양의 프라이팬

5개, 이름도 기억 안 나는 소가전들 10여 개,

입지도 않고 이사 갈 때마다 이고 지고 다니던 옷 한 트럭,

잘 오지도 않는 손님용 이불은 개뿔,

가습기에 제습기에 제트기도 있을 판!

다 버렸다.

팔려고 사진 찍고 글 쓰고 가격 책정하다간

다시 고대로 떠안고 이사 다닐 게 뻔한바

그냥 싹 다 버려삐렸다.

아까웠냐구? 아니~.

다시 필요했냐구? 전혀~.

맥시멀한 집에서 살아온 나의 무겁고 컴컴한 삶을

버리고 싶었을 뿐이었다.

결론은 내 인생의 통제자로 사는 거다.

자꾸 나 아닌 남을 통제하고 조정하려 하는 게,

이기이기 문제가 되는 거거든.

물론 사춘기 애 포함!

그니까 애는 통제하고 조종하려 들면서

나 자신은 왜 그렇게 못하냐고?

내 몸과, 내 정신과, 내 시간을 스스로 통제할 수 있는 자가

진정 인생 성공한 사람 아니냐구.

이게 결국 너와 나의 인생 목표이자 미션이 되는 거다, 오늘부터.

그런 의미에서 엉망진창으로 살고 있는 중년의 한 여성으로서

난 오늘도 성장이고 나발이고

'온·습도를 지배하는 일'에 만전을 기할 것이며

아무리 맛있기로 소문난 밥집이라도

에어컨 빵빵하지 않으면 안 갈 것이며

매년 여름마다 에어컨 션~하게 틀기 위해

앞으로도 열심히 전기세를 벌 것이야.

덥다 습하다 춥다 건조하다 투덜댈 시간에

나란 인간의 강점, 약점 파악을 위해 죽어라 읽고 쓸 것이다.

책 읽으면서 나 자신을 탐구해 나가다 보면

돌파구는 의외로 가까이에 있다.

해답은 어처구니 없을 정도로 심플하고.

복잡하게 생각하지 말고 그냥 하자.

한글책, 영어책 꾸준히 사서 읽히고

영어 DVD 사서 열심히 틀어주고

미디어 멀리한 채 몸놀이, 아날로그 활동 지속할 수 있도록 하는

우리의 루틴, 맨날 하든 그 짓.

애도 나도 계속 해. 그게 살 길이야.

독서는 최고의
리스크 관리다

평소 읽어둔 책의 힘

책 읽기 싫어서 요런조런 핑계 대는 거, 내 진짜 많이 봤거든?

바쁘다, 피곤하다, 눈 아프다, 집중 안 된다, 재미없다,

나랑 안 맞는다, 읽어도 쓸 데가 없다…

어? 근데 여기서 잠깐!

책을 당장 써먹으려고 읽는 거?

하~ 택도 없지.

어디 당장 씰 데가 있간 없간?

없지, 암!

지루하고, 어렵고, 프롤로그는 왜 일케 길고,

추천사 드럽게 많네, 그래 니 잘 났다, 니 똥 굵다.

그래서 주인공이 누군 거야? 당최.

등장인물은 또 왜 이렇게 많고? 헷갈려 뒤지겠네.

도대체 언제부터 재밌어지는 건데 어?

그니까 뭔 말인지 도통 모르겠다구.

이 책 추천한 놈 죽여 말어?

초반부터 잘 안 읽히는 책 들고 혼자 내면 전쟁을 치르다 보면

내가 병신인가? 이 책이 나빴는가? 나는 대체 누구인가?

깊은 상념에 빠져들며 자꾸 울리지도 않는 스마트폰 잡고 싶어

뒤져가고 있는 나!

나만 그래?

니도 글지?

다들 글지?

이 세상 오만팔천 오조오억의 인구 대부분이 그럴 거야.

난 그리 생각해.

그렇게 혼자 결론을 내려부렸어.

그래야 책 읽기를 포기를 안 허지.

내 자신이 등신 쪼다 같아도 그래야 계속 읽지.

아니, 그러니까 더더욱 읽어야지.

내가 인생 여지껏 살아보니 그런 거 같아.

책 읽는 순간의 흥미나 즐거움도 꽤 큰 게 사실이지만

그 순간 혹은 좋을 때를 위한 게 아니라

느닷없이 힘든 일이 닥쳤을 때

좌절을 겪었을 때

영문을 알 수 없는 사고를 당했을 때

그럴 때 무너지지 않으려고 읽는 거드라고.

투덜대고 짜증 내고 타인을 욕하고 운명을 탓하고

세상을 원망하면서 쓰러지지 않으려고,

부여잡는 동아줄이 되어주는 게 책인 거다.

나는 그랬다.

하은이 역시 그랬고.

언젠가 읽었던 기억도 아스라한 한 줄이 나를 일으키고

줄 치며 별표 쳤던 몇 줄이 내 눈물 닦아주고

접고 필사했던 한 페이지가 '끙차' 다시 일어날 힘을 준다.

그래서 평소에 진짜 어거지로 읽어댄다.

단 한 페이지라도, 단 한 줄이라도

어떻게든 읽어두려고 발광을 치는 거다.

그게 소설이든 육아서든 자기계발서든 고전이든 뭐든 간에!

물론 잘 안 읽힐 때가 태반이야.

무거운 책, 두꺼운 책, 벽돌책 읽다가 현타 오면

잠시 도피할 용도의 얇고 가볍고 만만한 책도 많이 산다, 난.

198

하은이 초중딩 땐 웹툰 만화책도 엄청 사댔어.

강풀, 허영만, 최규석, 하일권, 미깡 님의 책들을

도장 깨듯이 다 사 모았다.

어려운 책 읽다 막히면 요놈들 빼서 뒤적이고 또 읽고,

그러다 보면 독서에 다시 불이 붙어 묵직한 책 들고

어느새 빠져들어 집중하고 몰입하게 되길 수차례!

이렇게 갖은 수를 써서라도 책을 읽어놓으면

지성도 쌓이고 지혜도 축적되고 위기를 헤쳐나갈 용기도

생긴다.

당장 써먹을 데 없다고, 지금 필요 없다고,

나중에 시간 나면 읽겠다고, 그렇게 미뤄두다가

정작 필요할 땐 꺼내 쓸 게 하나도 없는 인생 살고 싶어? 그래?

우리가 단단히 착각하는 게

책은 뭔가 배워야 할 때 읽는 거라고,

필요한 정보가 있을 때 찾아보는 거라고, 막연히 미뤄두는데

그건 검색이지, 독서가 아니야.

독서는 당장 쓸모 있어서 하는 게 아니다.

쓸모없을 때 평소에 미리 해두는 거다.

책은 그냥 '읽는' 게 아니라 '읽어놓는' 거라구.

독서는 최고의 리스크 관리다.

인생에서 위험 관리만큼 중요한 게 또 어딨겠어?

인생이 언제, 어디서 내 뒤통수를 칠지 모르는데

그때 쓸 무기 하나도 손에 쥐고 있지 않으면

뭘로 싸우고, 어떻게 헤쳐나갈 건데?

갑자기 일이 틀어지고, 관계가 어그러지고, 마음이 무너져서

'나 어떡하지?' '이걸 어떻게 버텨내?' 할 때

진짜 책의 힘이 너무 너무 필요할 때

그제야 부랴부랴 책 찾아서 펼치면 퍽이나 눈에 들어오겠다.

같은 줄 몇 번을 또 읽어도 도~저히 안 읽히고

겨우 읽은 문장은 실시간으로 튕겨 나가고

눈은 더 흐릿해지고 머리는 하얘지고 괜히 짜증만 더 나서

결국 책 덮고 더 깊은 한숨을 푹~ 푹~ 내쉬겠지.

사람은 무너지기 시작하면 한도 끝도 없이 무너진다.

감정이 무너지면 판단도 흐려지고 선택도 꼬이고

상황은 더 나락으로 갈 수밖에 없는 거 아니겠어?

그래서 아무 일 없을 때, 무지 심심할 때, 폰 보고 싶을 때,

당장 필요 없어 보이고 이게 지금 도움이 되나 싶을 때,

바로 그때!

그냥 꾸역꾸역 읽어두면 내 안에 쌓이다 어느 날 툭! 툭!

아주 자연스럽게 내공으로 지혜로 튀어나오는 거다.

내 안에 아무것도 안 쌓여 있으면 그대로 휘청이지만,

뭐라도 쌓여 있다면 어마무시한 게 와서 흔든대도 버틸 것이야.

이 차이는 상당히 크지, 암.

남들이 볼 때 어마어마한 일인데 이까짓 거 아무 일 아닌 것처럼

아주 편안하고 여유롭게 잘 헤쳐나가는 사람은

사실 '운이 좋은 사람'이라기보다는 '미리 생각해본 사람'인 거다.

이미 책 보면서 머릿속 어딘가에 비슷한 상황을 한 번쯤

시뮬레이션해본 적이 있거든. 놀랍게도!

설사 처음 겪는 일이라도 처음 아닌 느낌으로

척척 해결하는 여유는 단연 책이 길러준 능력이다.

그러니까 오늘! 당장!

한 페이지라도 읽어라. 정 안 되면 단 한 줄이라도!

자꾸 내일로 모레로 미루지 말고,

심심하고 뭐 없을 때, 그니까 지금! 알겠어?

살찌는 몸을
막아라

체중 감량의 사소한 루틴

갱년기 절정을 향해가는 몸이 요사이 완전 맛탱이가 가서
땀 났다 추웠다 식은 땀 줄줄 흘렸다
오한에 오돌오돌 떨다 난리부르스를 추는데,
사실 그것보다 더 무시무시한 게 '살찌는 몸'이 되는 거다.
누구는 뭘 실컷 먹는 거 같은데 체중 잘만 유지하고
심지어 빠지는데, 왜 누구는 숨만 쉬어도 살찌느냐?
많이 먹어서? 운동 안 해서?
그것도 반박의 여지 없이 맞는 말이지만
이미 '살찌는 몸'이 되어버린 거다.

그래서 물만 먹어도 살찐단 말이 나오는 거고.

와, 진짜 공포 아니냐?

쉽게 살이 찌니 몸 무거워 더 움직이기 싫어지고

가만 있으니까 또 어느새 불어나 있는 악순환.

'살'이 그냥 체중이 나가는 이유뿐만 아니라

염증과 대사 질환, 각종 성인병을 일으킬 수 있는 요인이 되니

그냥 귀엽게 봐줄 일이 아니라 진짜 최소한의 관리란 걸

해야 하는 시기가 온 거다.

받아들이자. 곱게!

근데 또 우리가 어려운 건 못하잖아?

진짜 쉬운 것부터 딱 세 가지만 해보자. 오케?

하나, 아침에 일어나면 방탄커피 마시고 바로 움직여!

한동안 건강 생각해서 그 좋아하는 모닝커피를 끊기도 했다만

그래도 벌떡 일어나 하루 에너지 충전하는 데는

커피만 한 게 없잖냐.

이왕 마실 거라면 지방 산화 촉진하고 포만감도 좀 있는

좋은 지방을 함께 챙겨 먹으면 더할 나위 없다.

찬장에서 두툼한 유리잔 꺼내서

냉동실에 상시 대기 중인 버터 한 덩이를 넣어.

꽝꽝 언 버터 안 녹이고 그냥 넣어도 되냐고?

은제 버터 녹을 때까지 기다리고 앉았어? 바빠 죽겠는데!

그럴 시간 없어, 우린.

바로 뜨거운 커피를 부으면 되거든. 캬캬, 난 천재!

매일 원두 갈아 마시면 향긋하고 너무 맛있지만,

커피 드륵드륵 가는 데 시간 걸리고 쪼로록 내리느라 기다리고…

과정이 길고 귀찮으면 한두 번 하다가 슬슬 안 해버리는 너와 나.

완벽한 과정 때려치우고 대충이라도 꾸준히 하는 게 중요하다.

캡슐커피든, 봉지커피든, 설탕이나 당 일절 없는

맛있는 커피 골라서 뜨끈하게 만들어 부어주면,

버터가 살살 녹기 시작한다.

버터도 유기농이 좋다, 기버터(우유 단백질 제거한 버터)가 좋다,

다 맞는 말인데 아무리 좋은 거라도 귀찮고 비싸면

하다 말아버리니까 상황 맞는 걸로 편한 대로 하고.

참고로 울집 냉동실에 항상 있는 건 '이즈니 버터컵'(포션 버터).

여기에 방탄커피의 메인 히어로 'MCT오일'을

아빠 숟가락으로 한 숟가락 듬뿍 넣는다.

그리고 전동 거품기로 윙~ 돌리면 땡이야. 쉽지?

MCT오일이 뭐냐고?

지구상 오일 중에 가장 완전하고 완벽하며 온전한 오일이 얘야.

순수 액상 코코넛 오일!

MCT는 'Medium Chain Triglycerides'(중간사슬지방산)의

준말인데,

엄청 빠르게 체내에서 분해돼 버려서 지방으로 저장되지 않고

바로 에너지원으로 쓰이는 착한 오일이지.

지방 연소, 체중 감량도 땡큐지만 사실 난 빠른 '에너지 공급'

요고 때문에 아침마다 먹어.

아침에 인나면 힘이 없응께.

출근하자마자 바로 퇴근하고 싶응께.

아무리 바빠도 요 정도는 할 수 있지?

둘, 최소한의 조리로 집밥 해 먹어.

"전 진짜 똥손이고 할 줄 아는 게 암것도 없어서 진짜 요리는

못 해요."

절레절레하는 사람도 해 먹을 수 있는 집밥이 세고 쎘어.

못해서 힘들어서 안 해 버릇해서 이제까지 바깥음식으로

연명했다면 집밥을 간단히,

이루 말할 수 없이 초간단으로 준비해 먹는 거다. 너도 애도!

그냥 썰은 오이, 껍질 안 깎은 사과,

심지어 물로 씻기만 한 방울토마토랑 초록 쌈채소,

여기에 버섯, 단호박, 당근, 고기를 부드럽게 찌기만 한 거.

좀 지겨우면 올리브유 휘휘 둘러서 채소랑 고기

팬에 살짝 구운 거. 이게 뭐 요리랄 게 있어?

간은 그냥 소금이랑 허브 몇 가지만 뿌려도

그렇게 달고 맛있는데, 온 식구가 너무 잘 먹을 텐데.

흰쌀밥은 급격히 혈당을 올리니

되도록 밥 할 때 현미, 흑미, 귀리, 보리 등 각종 잡곡 섞고

렌틸콩 듬뿍 넣어 같이 먹으면 너무 좋지.

다이어트 한답시고 탄수화물 너무 엄격히 제한하고

채소 위주로만 먹으면 단기간 체중이 빠지는 듯 보여도

그 알 수 없는 헛헛함에 건강 식단을 오래 지속할 수 없고

얼마 못 가 가공식품, 배달음식에 손대게 되고

그 안에 엄청 들어있는 첨가물들의 중독성으로 인해

다시 요단강 건너가 버린다 이거지.

나 여러 번 그랬다.

그래서 무조건 탄수화물을 미워할 게 아니라

나쁜 탄수화물을 끊고 좋은 탄수화물은 섭취해야

건강한 식단도 지속 가능성을 가질 수 있게 된다.

정제된 단순 탄수화물 즉 빵, 국수, 과자, 온갖 초가공 식품은

살찌고 건강 해치는 주범이니까 딱 끊고,

복합 탄수화물 즉 현미, 옥수수, 고구마, 감자, 밤, 단호박 같은

애들은 충분히 포만감 있게 먹어도 뚱보 안 돼.

이런 곡물, 작물은 일단 부피가 큰 데다 섬유질이 풍부하고

수분도 많이 함유돼 있어서 사실 아주 많이 먹기도 힘들어.

식단 너무 고민되는 날엔 초록, 빨강, 하양, 노랑, 주황, 갈색,

여러 색깔이 조화롭게 있는지 살펴보면 도움 돼.

색깔마다 품고 있는 영양이 달라서 저절로 골고루 먹게 되니까.

식사할 땐 채소랑 단백질 먼저, 탄수화물 나중에 먹으면

혈당 급상승 방지되는 것도 알고 있지?

먹거리도 공부 안 하고 댐비면 훅 가기 십상이야.

'극히 최소한의 조리'로 맛있고 건강하게 먹을 수 있어. 충분히!

셋, 유산소랑 근력 운동 일주일에 세 번은 꼭 해!

운동하기 너무 싫지, 말해 뭐해.

근데 어째? 하기 싫은 걸 해야 건강하고 이뻐지는데.

살 빠지는 건 둘째고 '살려면' 해야 해.

진짜 하기 싫을 땐, 요 말을 떠올려봐.

'운동하는 시간만큼 더 산다!' 벌떡 일어나져.

나도 시간과 정력이 남아돌아서가 아니라

안 죽을라고 이러는거.

운동 안 하면 몸이 못 버티는 것도 있지만 멘탈이 무너져내려.

얼마 전에 멘탈과 감정에 엥꼬 신호가 감지되고 나서

그냥 뭐 나이 들어가는 과정이려니 했는데 그게 아니더라고.

정면으로 바라보기 싫은 내 맘과 시들어가는 일상을

그냥 놔두다 방치하다 병원 다니며 제대로 치료받고

급기야 헬스장 끊고 웨이트 일주일에 3일씩 하니까

그제야 사람 구실을 하게 되더라고.

그러면서 운동에 관해 공부했지.

이 4대 생체 호르몬 관리에서 가장 중요한 게

운동이라는 것도 알게 됐고.

상담 없는 날은 차 놓고 운동화 신고 전철로 출퇴근하니

1만 보 걷기는 껌이고

몇 달 전부터 10층 정도는 무조건

계단 타고 땀 뻘뻘 흘리며 오르고 있는데

몸무게는 크게 줄지 않았지만

뭐, 지방이 줄고 근육이 늘어서 그런갑다

생각하며 운동하는 몸 유지하고 있다.

덕분에 체력이 한결 올라붙은 느낌이야.

술이 더 잘 들어가. 크큭!

미쳐 날뛰는 사춘기 애들 상대하며 제대로 키워내려면

더 미친듯이 자고 미친듯이 잘 챙겨 먹고 죽을듯이 운동해야 해.

현실적으로, 멘탈적으로, 체력적으로 힘들고 잘 안 되는 거

누가 몰라.

근데 발광병에 걸린 내 자식은 내 의지박약 따위

절대 감안해주지 않거든.

내 피지컬은 내가 챙겨야 한다. 무조건!

그래야 나 아낄 에너지도 생기고, 애 챙길 에너지도 생긴다.

이 역시 혹독한 육아의 경험을 통해 얻은 깨달음이지, 암.

애가 날 힘들게 하는 게 아니고 (애는 애미 괴롭히려고 태어난 게

맞는 거고요)

집안일이 힘들어 피곤한 게 아니고 (고 정도 살림도 안 살라믄

결혼도 출산도 독립도 하지 말았어야지)

내 팔자가 드러워서 죽겠는 것도 아니고 (드러운 팔자 덕에

공중부양과 백덤블링 가능하게 됐잖니)

순전히 내가 제대로 관리 못 해 망가진 육신과

애먼 데 애먼 관심 쏟고 제대로 쉬지 못해 괜시리 얻게 된

저질 체력으로 인한 것임을 깨달은 덕이다.

그니까 오늘도 건강한 집밥 해 먹고 바지런히 달리는 거다.

땀 났다
갱년기 절정
식은 땀
갱년기
추웠다
오한
살

딱 세 가지 해보자.
살
진짜
쉬운 거
염증
대사 질환
성인병

하나, 아침에 일어나면
이즈니 포션버터
뜨거운 물
유리컵
커피 마시고 바로 움직여.

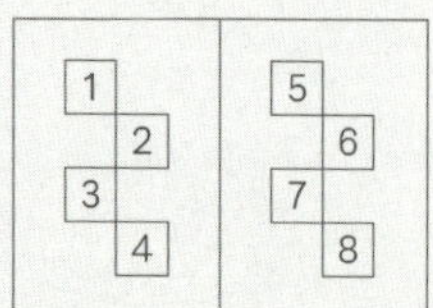
1
2
3
4
5
6
7
8
갱년기

MCT오일
넣고, 전동거품기로
윙~
돌리면 땡
빠른 에너지 공급!
방탄 커피
요 정도는 할 수 있지?

둘, 최소한의 조리로 집밥 해 먹어.
온 식구가 너무 잘 먹을텐데 …
진짜 요리 못해요

셋, 유산소랑 근력 운동 꼭 해
일주일에 세 번!
만보 걷기
계단 오르기
운동하는 시간 만큼 더 산다!

과업 도파민
관계 옥시토신
휴식 세로토닌
운동 엔돌핀
4대 생체 호르몬 관리에서 가장 중요한 게 운동

내 피지컬 내가 챙겨.
사춘기육아
집밥 해 먹고 달리는 거다
뽀로롱

고난이
콘텐츠다

수렁의 밑바닥 치고 날아오르는 여자

살면서 이리 깊고도 길게 지속된 수렁 같은 우울은

난생 처음이었다.

당황스러웠다. 한동안 그랬다.

과거엔 누가 우울증이 어쩌구저쩌구 하면

'뭐여? 우울증??!! 아니~ 호강에 겨워 요강에 똥을 싸고

앉았구먼~ 어디 애 키우는 엄마가 우울증?

그거 걸릴 시간이 있어?

애 키우며 살림하다 보면 코가 빠질 정도로 바쁜데 뭔 우울?

그럼 책 읽고 정신 똑디 차리고 미친듯이 움직여. 그럼 돼.'

…근데 그게 안 됐다. 정신이 안 차려졌다.

깊은 무기력과 우울감에 빠져 정신을 차릴 수가 없었다.

책? 뭐래? 온 집안에 그득그득한 저것들

싹 다 불태워버리고 싶었다.

라이타 켤 기력조차 없어 불태우지 못했다.

너무 바쁜데 몸이 안 움직여졌다.

마음만 바빴다. 그러니 당연히 예민해지고 날이 섰다.

그러면서 개랑 아주 많이 친해졌다. '침대'.

거진 평생 하루 6시간 이상 누워있어 본 날이 거의 없던

내 침대에 10시간, 심지어 15시간을 드러누워

뒤척거리는 날이 무수히 많아졌다.

내가 그토록 혐오하던 인간상.

게으르고 무기력하고 부정적인….

어디 말할 데도 없었다. 얻다 말을 해.

내가 롤모델이랍시고 추앙하는 이들이 수천, 수만인데…(아니,

13명 정도?).

하은이만 죽어났다.

애한테 지랄할 때만 유일하게 기운이 펄펄 났다.

그 외의 시간은 물에 푹 젖은 다 찢어진 수세미처럼 지냈다.

조금 나아진 어느 날 하은이마저 이렇게 말할 정도였다.

"그래두 엄마가 나한테 지랄 떨 때가 나았어.

침대에서 못 나올 때보다….

이번엔 엄마 많이 위태로웠거든, 내가 봐도…"

정말 깊은 무기력과 권태로움에 치를 떨며

오늘이 바닥이다, 아니 오늘이 더 바닥이네, 아니네…

매일 내 다이어리「저널」페이지에 바닥 기록을 경신해갔다.

사람이 이렇게 맛탱이가 가는구나를 매일 체험하며

생지옥이 바로 여기로구나를 느끼며

아주 힘든 몇 달을 보내다가 도저히, 도저히 이러면 안 될 것

같아 정말 죽~~~~~~~~~을 힘을 다해

중독 증상 보이는 몇 가지를 하나씩 끊어내기 시작했다.

소주를 끊고, 수면제를 끊고,

미디어 특히 숏폼 영상을 완전히 끊고,

침대에 누워있는 시간을 7시간으로 줄였다.

그래도 너무 힘들어서 병원으로 달려갔다.

1년 만에 만난 샘 앞에서 펑펑 울면서 살려달라고 매달렸다.

매번 상냥하던 샘이 이날 처음으로 아주 많이 호되게 혼을 냈다.

그래도 상담실을 나오기 직전 해주신 말씀,

"오늘 머리 감고 화장하고 운동화 신고 병원 나오신 거 너무

잘했어요, 선미 씨. 이제 약만 잘 먹으면 돼요. 뭐 막 많이 하려고

하지 말고 약만 잘 챙겨 먹어요."

샘 말씀대로 꼬박꼬박 약 챙겨 먹고 눈 떠지면 그냥 벌떡 일어나

후딱 챙겨 출근했다. 할일이 없어도 일단 나왔다.

사실 안팎으로 어찌저찌 맡은 일들이 내내 참 많기도 했다.

나른하고 권태로운데 할일은 많은 이상하고 답답하고 요상한 일상이었다.

그래서 무기력이라는 괴수가 손쓸 새도 없이 덮쳐왔나 보다.

하루하루를 꾸역꾸역 채워나가는 지루한 일상이 흘러갔다.

그러던 어느 날, 조금 가볍게 눈이 떠졌던 거 같고

인나자마자 소금물 진하게 타서

약을 한 움큼 털어 넣고 창밖을 보는데

항상 그랬듯 온몸과 주변을 감쌌던 불쾌한 감정이 아닌

음… 괜찮았다, 기분이.

실로 오랜만이었다.

기억도 안 난다. 당최 얼마 만인지.

기분 나쁘지 않은, 슬프지 않은 아침이.

서둘러 샤워를 하고 단정히 외모를 매만진 후

그날도 1만 보를 채워 걸어야 해서 전철로 출근하며

이어폰으로 음악을 듣는데 음, 눈물이 났다. 나도 모르게.

며칠이 그렇게 또 흐르고 사소하게 웃는 일이 점점 늘어났다.

상황이 크게 달라진 건 전혀 없었음에도.

'가면 우울증'에서 벗어나고 있다는 느낌이 확연하게 들었다.

종종 '찐웃음'이 나왔거든.

양을 늘려 먹은 치료약으로 인해 머릿속이 벙한 느낌과 함께

자주 졸고 전철 거꾸로 타고 버스정류장 더 가서 내리는 짓도

조금씩 잦아들었다. 사람이 되어가는 것 같았다.

그토록 원하던 일상 복구가 마침내 이루어지는 느낌이었다.

그래도 우울증의 늪에서 '이렇게 끝없이 후저질 수 있구나,

사람이' 하고 느끼던 때에도 일을 계속 했고

강연도 한 달에 두어 번 꼭 유지했고

말도 안 되는 투자를 벌였으며

사내 스터디 골프 행사를 주최해 성공적으로 마쳤고(꽤 큰

행사였다)

기아대책 우먼 필란트로피 봉사활동에 참여했고,

정기적인 스터디에, 퍼스트클라스 조찬에,

그야말로 꾸역꾸역 뭔가를 해왔다는 생각이 들었다.

참 신기허네. 나란 여자, 뭘까. 그걸 가능케 했던 게.

가만히 생각해보면

지난 20년간 죽어라 읽으며 누적된 '책의 힘' 아닐까?

어떻게든 주기적으로 포스팅하고 써내려간 '글의 힘' 아닐까?

그거밖에 없다. 아무리 생각해봐도.

궁금하면 읽었고 답답하면 펼쳤고 배워야 할 때도 책을 찾았다.

글감을 찾아 내 일상을 복기하고

또 별거 아닌 삶을 기록하다 보면

스스로를 발견하기도 하고 작은 방향이 생기기도 했다.

그렇게 쌓인 꾸준한 생각과 태도와 내공을

곶감 빼먹듯이 쏙쏙 빼 써가며 버틴 거라고밖에 할 말이 없다.

수없이 무너져내렸고 슬픔에 잠겨

나 자신을 혹독하게 쓸쓸하게 만들었던

지난 몇 달은 정말 다시 돌이키고 싶지 않은 깊은 어둠이었다.

마치 꼬르륵 물에 빠진 사람이 빠르게 올라오려면

더 깊이 바닥까지 내려가 밑바닥을 박차고 오르는 수밖에

없지 않은가.

딱 그렇게 겨우 탈출한 거 같다. 휴~.

영혼과 더불어 육체도 살찌우기 위해 노력하고 있다.

살기 위해!

몸무게 나가는 살 말고(!) 튼튼하고 건강하고 날렵하게 몸을

가꾸고 있다는 뜻이다.

'멘탈 관리는 피지컬'이라고 주장해온 내가 참,

그간 운동에 소홀했다.

이제 곧 죽어도 주중 세 번은 꼭 피트니스센터에 가서 땀 쭉 빼고

상하체 근육 조지고 걷기 챌린지도 세 팀이나 속해 있다.

한 팀은 서울대 최고위 과정 동기들,

또 한 팀은 내 불문과 대학 동기들,

또 한 팀은 내 사랑하는 조직원들….

다들 걷기에 미친놈, 미친년들이라 겁나 빡세지만

러닝화 사고 갤와치도 사서 자주 뛰고 달리다 보니

어느새 많이 나아졌다.

요사이 후배한테 짜증도 안 내고 하은이한테 지랄도 안 했다.

아주 더럽고 고약한 냄새가 나는 수렁의 밑바닥을 온몸으로

뒹굴고 날아오른 여자.

책과 글로 쌓은 시간을 무기로

고난 역시 콘텐츠로 만들어버리는 여자.

그래 나, 바로 나다.

이제 진짜 잘될 일만 남은 거다.

밑바닥 치고 올라왔으니 훨훨 날아오를 거야. 그치?

당장 오늘밤도
고비이고 사투인 너희들에게

그날 아침은 좀 여유로웠던 거 같다.

내 옆에 서서 화장하던 녀석이 한마디 건넨다.

"엄만 요즘 어때?"

"갱년기 피크라 아주 죽겠어. 더웠다 추웠다… 넌 어때 요즘?"

"회사에서 일 잘한다고 칭찬 많이 들어."

"그으래? 뭐래? 뭐라는데? 말해줘, 말해줘!"

"너무 어린애 들어와서 다들 처음엔 갸우뚱했던 것 같은데,

꼼꼼하고 야무지게 일 잘한다고 난리야. 나 잘 키워줘서 고마워."

……

갑자기 훅 들어온 한마디에 들고 있던 브러시를 떨어뜨릴

뻔했고 뭐라고 답했는지 기억에 없다.

애 어릴 때 꼭 듣고 싶었던 말…. 키워줘서 고맙다는 말….

당연히 들을 줄 알았던 그 말이 사춘기 모진 터널을 통과하면서

산산이 바스라져 흔적도 없이 사라진 줄 알았는데,

죽지 않고 버텨줘 고마운 그 아이가

다 큰 어른이 되어 내 앞에 무심한 듯 꺼내놓는다.

무려 25년 만이다.

미치도록 사랑하는 관계에서의 상처가

어른인 나도 너무 아팠는데

그 어린 것은 얼마나 쓰라리고 아팠을까.

자기를 낳은 엄마가 퍼부어대는 하악질과 냉소와 조롱이

얼마나 당황스럽고 허탈했을까.

아니, 얼마나 외로웠을까.

갑자기 낯설어진 이 세상에 홀로 남겨진 외로움에

얼마나 쓸쓸했을지 생각만 해도 눈물이 난다.

자신도 통제 안 되는 가슴과 머리의 충돌과 회오리 속에서

나 좀 봐달라고, 나 좀 이해해 달라고 간신히 손 뻗쳐 외치는 그

음성을 어미라는 나는 왜 하나도 이해하지 못하고

사사건건 따지고 분석해 아이를 내쳤던 건지.

나라도 그 아이 편이 됐어야 했는데…

엄마가 미안해, 하은아.

다시 돌아간다면 네 장단에 나도 같이 미쳐 춤추다

니가 꺼지라면 꺼지고, 닥치라면 닥쳐줄게.

모자란 엄마를 부디 용서해주렴.

이젠 전화 올 때마다 요런 대화가 오간다.

"엄봐~ 어디야?"

"니 마음속."

"주말에 뭐할 거야?"

"너랑 데이트."

"엄마 배고파."

"내 팔뚝을 먹어."

"돈 좀 꿔줘 엄마."

"꺼져!"

이 없으면 잇몸으로라도 아이를 사랑해주면 된다.

배려 얕은 사랑으로라도 억지로, 강제로, 술김에라도!

너에 대한 나의 사랑과 믿음을 보여주면 된다.

봐. 나도 되잖아. 결국 해내잖아.

못할 게 뭐 있어?

나보다 못한 게 뭐야?

너희가 나 잘나서 좋아해? 육아 겁나 잘해서 좋아해? 아니잖아~.

너만큼 겁 많고 너만큼 후지고 너만큼 불안하고

너만큼 쫄보라서 그래서 나 좋아하는 거잖아.

그런 언니가 세상 소리 딱 끊고

애도 지멋대로 잘 키워버리고

자신도 잘 커버려서 리스펙하는 거잖아.

새하얀 『불량육아』로 언니를 만났건

핑크색 『군대육아』로 나를 발견했건

피빨강 『십팔년 책육아』로 접했건

미친책 『육아내공 100』으로 알았건 간에

네가 펼쳤던 그 페이지에서 느꼈던

절대 아름답지도 예쁘지도 않은 적나라한 현실에 대한 '공감'

때문이었을 거야, 분명.

난 알아. 지금 네가 얼마나 분투하고 있을지를….

매일 굴러떨어지는 바위를 기어코 다시 밀어 올리는 시지프스가

되어 아이와 어떤 전쟁을 벌이고 있을지를….

때론 날 더 원하지 않는 진정한 첫사랑인 그 아이를

강제로 떼어내야만 하는 그 황망함에 얼마나 쓸쓸할지도….

된통 휘몰아쳐 온 갱년기 우울증에 슬퍼할 겨를도 없이

아이의 결과를 내야만 하는 우리나라 입시제도의

무시무시함은 또 어떻구….

위험과 희망 그 아슬아슬한 경계에서 기어코 성장해버린

내가 단언컨대

넌 지금껏 충분히 잘 해왔고

오늘의 네가 최선이야.

나는 확신해.

쉽지 않은 시대,

그래서 더더욱 쉽지 않은 사춘기 육아의 한가운데서

넌 절대 무너지지 않을 것이며

가슴 깊이 간직해온 사랑으로 끊임없이 기다려주는

다정하고 따뜻한 엄마이자 멋진 여자로 성장해갈 거라는 걸.

자, 언니 손 잡아.

끝까지 함께 할 테니.

사춘기가 '생각할 사(思), 봄 춘(春), 시기 기(期)'잖아?
'봄을 생각하는 시기' 뜻을 알고 나니 놀랍지?
근데 난 '죽을 사(死), 봄 춘(春), 시기 기(期)' 같어.
죽었다가 다시 봄이 오는,
애도 죽고 나도 죽었다가 다시 살아나는 시기!

사춘기는 아이만 바꾸는
시간이 아니라
엄마를 어른으로 만드는
계절이고,
아이와 엄마가 동시에
다시 태어나는 시절이다.

그냥 간다. 그냥 한다.
'육아라는 노가다.'
애 사춘기 끝날 때까지,
입시 다 치르고 성인 될 때까지
알고리즘은 오로지
내 '손가락'이다.

내가 사는 전집!
나랑 애랑 고르는 단행본!
내가 해 맥이는 밥!
내가 트는 영어 DVD!
그래, 알고리즘에 지배되지 않는
사춘기 육아란 바로 이런 거다.

부록

입시에 대한
모든 질문에 답해줄게

날벼락 즉문즉설 핀셋 컨설팅

입시에 대한
모든 질문에 답해줄게

무지몽매하던 나도 애 입시 치르던 당해 연도에

너무 당황스럽고 복잡하고 난해하고 뭐가 뭐래는지 하도 몰라싸서

하은이 불쌍하다고 징징대다가 그냥 수능 봐부렸던 기억이 나거든.

근데 애미가 미리 입시설명회 다니면서 컨설팅 받고 애 리드할 필요?

으으음~~ 전혀 없다고 생각해, 난.

아니, 하지 마. 절대 하지 마.

맘만 부산스러워지고 불안해져서 애만 잡게 될 확률 100%야.

공부하는 애 옆에서 애 책이나 같이 읽어.

애가 읽었던 초중고 문고판 필독서가 얼~매나 재밌고

훌륭하고 깊고 매콤한지 눈물 철철 흘리게 될 게다, 분명.

그리고 "언니 님하~ 나 지금 사춘기 애랑 죽자 살자

매일이 죽음의 담판인데, 뭐? 입시여?

그전에 누구라도 하나 죽어나갈 게 분명한데 수능이여? 미친!"

니 맘 다 안다. 나도 그랬다.

날벼락 즉문즉설 핀셋 컨설팅

근데 여즉 안 죽고 살아있잖니? 더 무섭지… <u>으흐흐흐</u>… .

꼭 입시 문제 아니더라도 사춘기 앞두고 혹은 사춘기 겪느라 힘든 일,

관계 문제, 단속 문제, 공부 문제 암거나 물어두 돼.

내 맘대로 대답 찌끄려줄 테니!

후진 질문 대환영!

언니 예뻐요 대대환영!

멋지고 근사한 질문 사절!

자, 그럼 바보 질문 시이~작!

* 주의 *
....

나 입이 좀 걸어. 알지? 맘은 비단결이다만.

다소 거친 표현과 역정 가득한 답변이 달려도

언니의 '뒷목잡' 고혈압 방지를 위함이니

상처 따위 받지 말고 더 댐벼라.

"체육학과에 가겠다고 난리부르스예요"

• I can do everything 님의 질문

중2 여학생 엄마입니다. 취미로 유도를 배운 지 6개월 정도
됐습니다. 본인은 체육학과에 가겠다고 난리부르스입니다
(공부 회피성도 좀 있습니다). 심지어 3월에는 대회도 나가겠다고
주중에 매일 훈련하는 유도 심화반에 들어가겠다고 생떼를
부려서 "그래, 원하는 거 한번 해봐라!" 일보 후퇴를 했습니다.
지난주에는 아이와 같이 체대 입시 학원에서 상담도
받았습니다. 아이가 원하는 대로 해주는 게 맞는지, 머리끄댕이
잡고서라도 학교 공부에 전념을 시켜야 할지 너무 고민됩니다.

　ㄴ 지랄발랄 하은맘의 답변

괄호 안에 넣었다만 나는 딱 보인다. 이 질문의 핵심 문장
"공부 회피성도 좀 있습니다". 니 배 아파 낳은 엄마인 너는 알
것이다. 애가 공부가 어렵고 하기 싫어 유도를 하겠다는
건지, 진정 원하는 건지. 진정 원하는 거라는 확신이 든다면
유도 하라 해. 못 할 게 뭐 있간? 다만 공부하는 것의 백배
천배의 노력과 시간, 고통, 부상, 눈물을 감수할 것인지 아주
진지하게 얘기해 봐야 해. 꼭! 오랜 시간이 걸리더라도.
음·미·체는 비용도 많이 든다는 것 분명히 주지시키고.

"비문학 더 읽히는 작전 좀…"

• Lucky7 님의 질문

15세 여자 아이인데 소설책만 들입다 파고 있어요. 아이돌 보넥도에 빠져 있구요. 책은 돌 때부터 책육아 영접한 뒤 꾸준히 읽혔어요. 책 많이 좋아하지만 조용한 사춘기가 왔네요. 비문학도 좀 버무리고 싶지만 간섭하는 것 같아 한발 물러서 있어요. 그냥 두는 게 좋을지, 사알~짝 작전이 필요할지 여쭙고 싶어요. 그리고 하은 양처럼 춤을 좋아하는데 언니처럼 찰진 리액션이 힘든 '춤알못' 엄마라 애 마음을 몰라주는 것 같아 어렵네요. 노하우 있을까요? 저라도 당장 춤을 배워 함께해야 하는 건지 아~ 어렵네요!

ㄴ **지랄발랄 하은맘의 답변**

1. 사춘기 때 소설책만 들입다 파고 당해 연도 최연소로 연대 들어간 애가 있는데, 하은이라고 들어봤냐?

2. 이제부터 간섭이 너의 메인 잡이다. 애가 문학을 더 좋아하는 건 당연한데, 요령껏 간섭해야 비문학도 읽힐 수 있어. 비문학을 많이 읽어야 뉴스에서 말하는 경제는 뭔지, 과학은 왜 이렇게 발전하는지, 사회는 왜 이런 문제를 겪는지 알게 되고, 자연히 어휘로, 배경지식으로 축적되고 확장되어

향후 여러 교과목에서 괴물 같은 힘을 발휘하게 되지. 애들이
비문학을 싫어하는 이유? 문학은 스토리가 있지만, 비문학은
맥락이 없잖아. 맨처음에는 애가 좋아하는 거에다 스토리
엮고 맥락 연결해주면 훨씬 읽히기 수월할 거다.

3. 춤 추지 마. 절대 추지 마. 추잡해, '춤알못'들은. 책이나
읽어. 나처럼.

"K-영문법을 너무 싫어해요"

• 삶은 축제다 님의 질문

K-영문법을 더럽게 싫어해서 고1인데 내신 대비 우째요? 지가
알아서 한대서 냅두는데 걱정입니다. 듣기는 발로 하고, 독해도
술술인데….

　ㄴ 지랄발랄 하은맘의 답변

현재완료, to부정사, 현재분사, 동명사, 가정법… 으으으…
문법 싫어했다, 나도. 정말 싫어, 하은이두 대빵 싫어했고.
특히나 영어 책육아로 커온 아이들은 듣기, 독해 다 잘하고
좋아하는데 문법은 싫어해. 거북하거든. 불편해. 왜 굳이
이걸 공부하고 앉았나 싶은 저항이 크다. 근데 해야 돼.

우리나라에서 학교 다니고 내신 챙기고 입시 치르려면 어쩔 수 없어. 품사와 문장 성분을 완벽하게 이해하는 연습을 엄청 반복해서 시켜야 돼. 지가 알아서 한대? 지랄하네. 귀신을 속여. 전체 점수를 문법이 다 깎아 먹는 애는 애미가 신경 써주는 편이 나아. 다행인 건, 책육아로 큰 애들은 뭘 싫어는 해도, 머리가 좋아서 맘먹고 훈련하면 금방 이해해. 요렇게 반복 연습 꾸준히 시키면 안 되려야 안 될 수가 없다.

"어떤 책을 읽혀야 할지 애매합니다"

· 뽀맘 님의 질문

이제 초6 남아입니다. 어떤 책을 읽혀야 할지 애매~~~합니다. 어른들이 읽는 책도 잘 읽기는 하는데, 보는 저는 아이가 저 내용이 진짜 이해가 될까? 싶기도 하고 문학을 읽혀야 할지, 인문학을 읽혀야 할지, 글밥이 많은 걸 읽혀야 할지, 너무 적으면 좀 그런지, 그냥 뭐 다 어렵습니다. 사실은, 뭔가 더 좋은 게 있을 거 같은 느낌? 내가 뭔가 잘 몰라서 못 해주는 느낌? 그게 불안이죠? 언니의 한마디 기다립니다.

너에게 필요한 한마디는 이거다. 떽~~~! 뭔가 좋은 게 더

어디 있길 바래, 감히? 뭘 몰라서 못 해주는 거면 육아서,

교육서, 독서 관련 도서 더 들이파 읽으면서 알아내야지.

그래야 온전히 네 것이 되고 공부하는 엄마 아래서 아이가 더

잘 크지. 그렇게 노력하면서 들이밀면 애는 글밥 긴 것도

인문학도 비문학도 모두 잘 읽는 애가 될 거다. 분명!

"예고 입학했는데 거리가 너무 멀어요"

• 차차 님의 질문

예고에 입학하게 되었는데 통학 거리가 20km라 하루에 총

40km를 왔다 갔다 해야 해요. 미술 원장님 말로는 기숙사

들어가면 공부 절대 안 하고 치킨만 시켜 먹는다 하여 집에서

통학하기로 했는데요. 잘한 결정일까요? 집에 와도 9시 반인데

피곤한 애 기숙사에서 일찍 쉬게 할지, 아직 제 품에 더 품고

있을지 입학 일주일 전인데도 고민됩니다. 그리고 영어 공부는

혼자 하고 있는 중인데 도저히 너무 어렵다고 하는데 그냥 혼자

해내게 냅둬야 할지, 늦었지만 과외라도 붙여줘야 할지, 답을

내려 주세요, 언니~~~ 언니가 하라는 대로 따르겠나이다.

혹시 미술 원장님 성함이 김선미 아니시라니? 고등까진 애

끼고 있으면서 전쟁 같은 하루하루 같이 치르더라도

방치되는 것보다 훨 나아. 집 오가는 40km 동안 창밖 보며 멍

때리든가, 책 보든가, 영어 단어 외우든가 하면 1석 3조네.

그리고 영어가 도저히 너무 어렵다니 영어 책육아 안 했구먼!

지금은 일단 영어 교과서 씹어 먹게 하고 자습서 깜지

만들어가며 스스로 공부하게 해. K-문법은 최대한

이해하면서 달달 외우게 하고. 그럼 영어 성적 백퍼 올라.

스스로 해봐야 늘어. 안 오르면 날 감빵에 처넣어.

"열심히 하는데 성적이 안 나와요"

• 차차 님의 질문

언니, 이번엔 둘째 딸인데요. 중학교 입학하는데 수학을

어려워해서 반년 정도 학원 다니다 이번 주부터 쉬는 중이고,

영어는 집에서 인강 들으며 혼자 하는 중인데요. 의지도 강하고

노력파라 열심히 하는데, 하는 거에 비해 성적은 그리 좋지 못한

상태예요. 책은 꾸준히 읽고 있는데 옆에서 응원하며 혼자

공부하도록 놔둬야 할지, 이제라도 좋은 선생님을 붙여줘야

할지 고민입니다. 전교 1등이 목표라는데 제가 볼 땐 전교 50등 안에 들라나 싶어요. 열심히 하는데 성적이 안 나와서 힘들어할까 봐 뭐라도 도와주고 싶은데, 뭐가 정답일지… 선미 언니가 쎄~게 한번 얘기해주십쇼!

이제 중학교 올라가는 데, 아직 정식 출발선에 선 것도 아닌 애를 왜 벌써 판단해? 전교 1등이 목표라는 딸내미 헹가래 쳐주며 집 앞에 플랜카드 걸어도 모자랄 판이구만. 믿어줘. 사랑해줘. 기다려줘. 요리~ 째려보지 말구!

"수학 학원 안 다녀서 자기만 뒤처진대요"

• 후츠파 님의 질문

초등 6학년 남자아이 키우며 지금까지 언니 따라서 책육아 열심히 했어요. 학원도 안 다니고요. 근데 반 아이들이 전부 학원에서 중학 수학 하니 자기만 뒤처진다고, 수학 학원이나 과외를 부탁하면서 자신도 더 잘하고 싶다고 합니다. 고민입니다. 수학 문제집은 이번 방학에 처음 풀어보고 있어요. 수학 공부의 올바른 길을 알려주세요.

수학 학원 안 다니고 선행 안 해서 자기만 뒤처진다는 거?
순 개뻥이다. 속지 마라. 수학천재, 수학귀신이 아니고서는
중2까지는 무조건 현행에만 집중하게 해. 수학 교과서
완벽하게 씹어 먹었는지 확인 먼저 하고!

"대학을 꼭 가야 하나 자꾸 물어요"

• 프린세스맘 님의 질문

먼저 하은맘 님 책 다 읽었고 강연도 들으며 애 둘 키웠어요.
너무 감사해요. 아이가 소설을 쓰고 싶어 해요. 거기에 맞는
만화도 자기가 직접 그리고 싶어 하구요.
중3 때 그림을 시작했고 1년 웹툰 입시미술 하더니, 다시
공부하고 싶대서 학교 공부로 돌아왔어요. 책육아 성실히
해서인지 고1 때 성적을 잘 받았고, 지금 고2 올라가는데 다시
소설 쓰고 그림 그리고 싶대요. 그러면서 웹툰 그리는데
입시미술 필요 없지 않냐? 대학은 안 가도 되지 않냐? 물어요.
그래, 대학이 필요 없을 수는 있다, 책 읽고 그림 그려라, 하고는
있는데 암튼 계속 도돌이표인 이 질문, 계속 돌고 돌고… 이제
뭐라고 말해줘야 하나요?

└ **지랄발랄 하은맘의 답변**

소설이 메인이고 만화는 거들 뿐인데 왜 웹툰 입시미술을
하게 냅뒀어? 나라면 안 그랬어. 그리고 소설 쓰고 그림
그리는데 대학이 왜 안 필요해? 대학이 얼마나 아름다운
액세서리고, 공들여 자신의 성실함을 증명하지 않아도 되는
귀한 도구인데…. 우리나라에서 웹툰으로 먹고살려면 일단
무지 힘들다. 알고 있지? 게다가 만화가가 지 운명이었다면
초등 입학 전부터 애미 눈에, 지나가는 댕댕이 눈에도 띄었을
거다. 애는 누가 봐도 잘 그린 그림 수백 장씩 그려댔을 테구.
진로가 그림이라면 더더욱 대학 안 가고 성공하기란 훨씬
어렵다는 것만은 알아둬.

"애랑 실랑이하다 문제집 찢었어요"

• **끝장나게 잘 키운다 님의 질문**

일단, 어젯밤에 애랑 실랑이하다가 문제집 찢었어요. 좀 진정
후에 질문할게요. 이렇게 후질 수가 없어요.

└ **지랄발랄 하은맘의 답변**

주말에 문제집 한 권 이빨로 찢지 않으면 대한민국 고딩

엄마가 아니지. 왜 그래? 새삼스럽구로….

애는 더 이상 간섭 말라고, 나도 나름 열심히 하고 있다고
하는데, 제 눈엔 엉덩이만 붙이고 앉아 있는 걸로 보이고,
물어보면 제대로 대답도 못 하길래 그렇게 하는 거 기다,
아니다, 책 이리 줘봐라, 못 준다, 이러다 찢었… 아으 정말
기분 드러워요.

『똥물에 튀겨 죽고 싶은 날』책 한 권 같이 쓰자.

"애가 공부 의지도, 하고 싶은 것도 없대요"

• bocca00 님의 질문

중2 남아입니다. 공부 의지가 없어요. 하고 싶은 것도 없고요.
어찌해야 할까요?

• 오늘도긍정날 님의 질문

저희 아들은 중3 남아입니다 공부 의지만이 아니라 모든 의지가

없이 온전히 게임뿐입니다. 게임을 안 해도 자기는 이만하면
됐다며 모든 것에 한계를 지어버립니다. 아무것도 하고 싶지
않고, 할 이유도 모르니 속이 턱턱 막힙니다.

너희 둘! 애들 말고 엄마인 너희 둘! 지금까지 뭐하고 산
게야? 애가 다섯이었어? 시부모 한 집서 병수발 하고
살았어? 왜 어찌해서 애가 아무 의지 없을 수가 있어? 너희
둘 곤장을 좀 맞아야겠어!

"스마트폰 없이 헤쳐나갈 수 있겠죠?"

• 여느님 힘내 님의 질문

언니, 오랜만입니다. 아직 스마트폰 없이 공신폰으로 버티는 초6
남자입니다. 카톡을 하고 싶어 하는데 학폭의 발상지가
카톡이라 제가 스마트폰은 얼씬도 못하게 해요. 애도 저도
끝까지 잘 버텨서 대학 가면 스마트폰 사주기로 했는데 잘
헤쳐나갈 수 있겠죠?

ㄴ**지랄발랄 하은맘**의 답변

암요~. 그럼요~. 그렇구 말구요~. 아주 잘하고 있다요.

"내신 5등급제, 학원설명회 들어야 할까요?"

· 별난 엄마 님의 질문

의문투성이지만 사실은 답도 알고, 언니가 뭐라 할지도
알겠고…. 애가 석식 나오는 중학교 가서 이제 저녁도 먹고 오고,
학원도 지가 선택하겠다고 해요. 희한하게 공부는 안 하는데
성적은 나와서 호기롭게 내신 어려운 고등학교 들어갔어요.
내신 5등급제, 바뀌는 수능, 애는 저한테 학원설명회 들으러
다니라고 하는데요. 그것도 들으러 다니기 싫은 나년은
어떡하지요?

ㄴ**지랄발랄 하은맘**의 답변

석식 나오는 학교? 나도 가자 그 학교! 바뀐 내신등급제?
기존 9등급제에선 1등급이 4%인데, 5등급제로 바뀌면
10%가 된다는 거지, 별거 없어. 변별력이 떨어지니 내신 차등
두기 위해 샘들이 시험을 어렵게 낼 것이다, 그 말이야. 학원
설명회 끝! 가지 마.

"읽어놓은 책이 많으니 좀 다르겠죠?"

중학교 시험이 쉬운 지역에 살고 있어요. 올백은 아니지만
성적이 꾸준히 오르긴 했어요. 학원 다니면서 70점 맞는
애들보다 점수 높다고 으스대는데, 엄마는 만족이 안 되잖아요.
고1 첫 시험이 고3까지 간다는데, 우리 애들은 읽어놓은 책이
있으니까 좀 다르겠죠?

    ∟ 지랄발랄 하은맘의 답변

다르다마다~ 그동안 읽어놓은 책으로 자동으로 1등급 받는
게 아니라, 그동안 읽으면서 키워진 진득함과 집중력, 그리고
성실함으로 다름을 증명할 것이다. 움화화핫!

"편독 심해서 한글책만 주구장창 읽어요"

예비 초4 여아인데 한글책만 주구장창 읽어요. 편독만 줄창
해요. 영어책 집중듣기 평일 기준 하루 1시간은 꼭 해요! 영어
영상은 하루 30분 이상 봐요! 과거 수학 샘이라 제가 놓지 못해

교과 아닌 연산 도형만 주 3회 정도 풀게 해요! 한글 편독을 폭넓은 독서로, 영어 집중듣기 1시간 외 영어 라이팅, 스피킹 파트 어떻게 넓혀주면 좋을까요?

질문이 틀렸잖아~. 고렇게 잘 따라와주는 신이 내려주신 귀한 보배를 업고 다녀야지! 집중듣기 하루 1시간을 꼭 해요? 헐~! 연산 도형 주 3회 꼬박꼬박 푼다고? 꾸엑~! 넓히긴 뭘 넓혀? 격정적으로 칭찬해주고 믿어주고 기다리면 자동으로 넓혀질 건데….

"집중듣기 좀만 더 해주면 좋겠어요"

• JJOY 님의 질문

예비 초4 울 아들은 매일 아침에 신문 읽기, 수학 문제집 2쪽 풀기, 영어 집중듣기를 30분 만에 끝내고 학교 마치고 와서 종~~~일 놀아요. 그리고 틈틈이 책장에서 툭툭 책 꺼내서 읽어요. 언니 덕에 남들과 비교하면서 불안해하지 않고 실컷 뛰어놀게 하고 있는데요. '집듣'만 좀 더 해줬으면 좋겠어서 잠수네랑 언니 책도 다시 꺼내보고 있어요. 언니가 예전에 하은이한테 사용했던 팁이 있으면 좀 알려주세용.

와~ 이 집도 대문에 내 새끼 자랑 현수막 붙여야 하는 집인데,

왜 글에서 불만이 느껴지지? 어? 심지어 아들이었어? 헐~

미친~ 그런 아들 지구상에 읎다. 지금처럼만 하고 실컷

칭찬해줘.

"진득한 엉덩이 힘 기르고 싶어요"

• 멜빵바지 님의 질문

애가 공부는 모르겠는데 날 닮아(?) 밝고 긍정적이기만 하네유.

궁딩이 진득이 앉아서 뭘 좀 하는 거 보면 슬라임 제조, 아이돌

팬레터 쓰기, 휴~ 방구석에 돌아다니는 머리카락으로 가발 열

채는 만들 거 같은디 공부의 소중함을 느끼게 할 자극제 좀

찾았음 하는데 결국 책이겠쥬? 요즘 정신 빠진 동네 개마냥

헛바쁘게 지내 반성이 되옵니다. 궁디 앉는 힘 좀 기르게 하고

싶어요. 나도, 애도!

읽어보니 애는 아무 문제 없이 잘만 크고 있는데 헛바쁘고

찔리는 건 엄마구만~ 딱 보여 딱!

글구 나랑 가발 맨들어 팔자. 우리집두 머리카락이 하루에

이모작 삼모작!

"고등 입학인데 지방 소도시라 고민이 커요"

• 엄마꽃 님의 질문

올해 중3 딸내미 내년도 고등 입학 때문에 고민이 너무

많습니다. 제가 사는 곳은 경상도 지방 중소도시예요. 일반고는

입결이 좋지 않고(우리 지역 일반고 통틀어 26년 입결 서울대 입학

2명, 전략적으로 지방 의대 몇 명 가구요), 남녀공학도 공부하는

분위기는 아닙니다. 특목고나 자사고에 가려면 인근 타 도시로

가서 기숙사 생활을 해야 해요. 자사고는 3년 동안 3~4천만 원을

들여서까지 보낼 필요가 있나 싶어서 제외했고요. 그럼

선택지는 외고이거나 비평준화 일반고예요. 기숙형으로 심화반

들어가면 중·경·외·시까지는 진학할 수 있는 고등학교 있구요.

책육아 베이비라 저희 애 보면 진짜 하은이 같아요. 지난 학기에

진짜 최고조로 춤에 미쳐 있었는데, 중간·기말 올백(지필·수행

포함)으로 전교 1등 했어요. 그래서 요새 애한테 참 미안해요.
지방이라도 대도시에 살았으면, 엄마밥 먹으면서 근처 일반고
다녀도 됐을 텐데 싶은 생각이 많이 들어서요.
저희 딸은 아이돌 활동을 하면서 싱어송라이터를 겸하다가
소속사를 차리는 게 꿈이구요. 무슨 일을 하든 학창시절 성적과
대학 간판이 성실함과 근면, 책임감의 증거가 되니까 열공하고
있어요. 학창시절 성적에 발목 잡히기 싫다며… 이런 경우
고등학교 진학 어디로 해야 할까요? 인생 최대 고민거리예요.
그래서 저의 질문은 그래도 내 딸은 뚝심 있으니 괜찮을 거라
믿고 집 근처 일반고에 보낼 것인가? 기숙사 생활이지만
주말마다 나오니까 외고나 비평준화 고등학교를 보낼 것인가?
입니다요.

　　└ **지랄발랄 하은맘의 답변**

안녕하세요, 이모! 하은이에요. 엄마가 이 질문을 빼먹은 것
같아 대신 답글 답니다 ^_^
사실 저는 고등학교를 안 나와서 고등 생활에 대한 좋은
조언자는 아닐지도 모르겠지만, 제가 생각했을 때는 집 근처
일반고에 보내는 게 조금 더 나은 선택이지 않을까 싶어요.
주변 환경이 중요하다는 것도 맞는 말이지만, 결국 해낼
아이라면 굴하지 않고 어떻게든 해냅니다. 춤과 예술을

그렇게 좋아하는데도 전교 1등을 했다는 걸 보면, 이모

딸내미는 해낼 수 있는 아이일 것 같아요!

그리고 성적이 우수하지 않은 아이들이 많은 일반고에

보내는 리스크보다, 가족과 아예 분리된 기숙사가 있는

학교에 보내는 리스크가 더 클지도 모르겠다는 생각이

들어요. 학교가 부족한 부분은 집에서 이모가

서포트해준다면, 오히려 일반고가 더 좋을지도요.

사실 제일 중요한 건 아이의 의지와 의견이니

충분히 대화해보고 좋은 선택하실 수 있길 바랄게요.

"미리 문법을 안 해서 영어 못하는 거래요"

• 예쁜꽃삼남매 님의 질문

저희 아들은 현재 고2입니다. 초등 때는 사교육 문제집 한 장 안

풀고 영어 집중듣기, DVD 보며 놀면서 컸습니다. 시간이 많으니

마법천자문 보며 한자 자격증 따고, 학교 수업만으로 한국사

자격증도 땄어요. 중학교 가서 첫 시험은 나쁘지 않았고, 두 번째

시험부터 영어 성적이 안 좋았습니다. 듣기만 좋았어요.

그때부터 학원에 가서 문법을 배웠는데 그 뒤로도 계속 영어

성적만 낮아서 지금까지 영어에 대한 자신감이 없습니다. 미리

문법을 안 해서 영어를 못한다고 하네요.

아들 사춘기가 심하게 왔고 관계 유지가 우선이라 생각했기에
집듣, 책 읽기 다 못 시켰습니다. 사실 시험 기간에만 공부하는
것 같고, PC방도 다녔어요. 성적은 영어 빼고 A 받았습니다. 이
과정을 보고 동생들은 영어 문법을 미리 해주는 게 좋을까
고민이 됩니다. 아니면 지금처럼 영어 집듣과 DVD로만 가도
될까요? 영어 방향을 어떻게 가면 될지 고민이에요. 특히
중고등은 영어를 어떻게 공부하면 좋을까요?

ㄴ 지랄발랄 하은맘의 답변

문법 미리 안 해줘서 영어 못 한다는 건, 뻥 까지 말라 그래.
중학교든 고등학교든 영어도 딱 학교 진도, 그니까 현행만 잘
따라가도 충분해. 단 제대로! 교과서 열심히 읽고,
초집중해서 수업 듣고, 특히 문법이 어렵다면 왜 그런 문장
형식이 이루어졌는지 따져보고 공부하고 분류해보고, 또
맥락 완벽하게 이해하게 하면 된다.
사실 어릴 적부터 영어책 꾸준히 읽어주고 읽게 하고 DVD
즐기면서 '집듣' 하는 루틴 자체가 엄청 훌륭한 선행인 거야.
진도 빼려고 영어 학원 다녀봤잖아. 효과 있어 읎어? 결국
영어도 스스로 공부해야 돼. 일단 교과서 씹어 먹게 해.
알겠어?

"아이를 믿어주는 게 너무 힘들어요"

애가 하루 종일 학교에 있고, 공부하고 밤늦게 들어오니
공부했다고 하면 그런가 보다. 기타 치고 왔다고 하면 그런가
보다. 친구 누구 잠깐 만났다고 하면 그런가 보다. 확인할 길
없으니 어쩔 수 없이 믿어주다가 한 번 거짓말한 거 들켜버리면
'아, 내 책육아는 망했구나' 하며 매사에 의심이 치솟아요. 언니는
고딩, 대딩 하은이 어떻게 믿어줬어요?

누가? 내가? 하은이를 믿어줬다구? 아닌데요.
잘못 찾아오셨는데요

"고등 가서도 이렇게 공부하면 안될 텐데…"

언니, 소유 고등 입학 앞두고 매일이 심란허네요. 중등까진
어찌어찌 성적이 괜찮았는데 고등 가서도 저렇게 공부하면 안
될 게 애미 눈에 보이는데 애는 깊이 있게 공부를 안 하네요.

멱살 잡고 시키는 게 맞는 건지, 믿고 기다려 주는 게 맞는지
맨날 헷갈려요. 자꾸 잔소리하다가는 애랑 멀어질 거 같구요.

└ **지랄발랄 하은맘의 답변**

애랑 이미 멀어졌으면서 왜 그래? 뭘 더 어떻게 멀어지냐?
그리고 애미 눈에 애 스스로 깊이 있게 공부하는 예비 고딩은
우리나라엔 없어. 고민의 단초 자체가 틀렸다구. 그 설렁설렁
살아가는 꼬라지를 보면서도 밥 채려주고 대화하고
쳐싸우면서 버티는 게 고딩맘의 삶이니라.

"읽기는 잘하는데 쓰기가 좀 약해요"

• **워러브랭 님의 질문**

선미 작가님 책, 하은이 책까지 싹 다 읽고 더 확고하게 아이 책
열심히 읽어주고, 책으로 한글 다 떼고 초등학교 들어갔어요.
지금은 책 읽는 것도 좋아하는 편이구요. 무엇보다 책 내용,
이야기를 한 번 들어도 웬만한 건 줄줄 외워서 거의 그대로 안
보고 입으로 말해요.
초2 올라가는 남자아이인데요. 제가 궁금한 건 딱 읽어주기만
많~~~이 했더니 내용 이해, 암기는 잘하는데, 한글 쓰기를 너무

안 했는지 쓰기는 1학년 받아쓰기 때 좀 힘들어했어요. 결국
학기말 끝까지 아이가 잘해내기는 했지만 너무 읽어주기만 하고
딴 건 안 시켰나 싶어서요. 다른 것들은 노력하면서 시간이
지나면서 차츰 좋아지겠지요? 이번 겨울방학도 읽기 위주로만
하더라구요. 전 학교 성적을 떠나서 늘 읽고 쓰는 아이로
커나갔으면 좋겠어용.

ㄴ **지랄발랄 하은맘의 답변**

그동안 참 잘 해왔구. 쓰기 잘하게 하고 싶으면 엄마가
요령껏 칭찬 퍼부어주면서 여우같이 쓰게 해야 해. 책
만들기든, 편지 쓰기든, 책 필사하기든, 독후감 쓰기든, 뭐든
간에. 읽기가 충분히 되어 있기 때문에 쓰기도 시간
문제겠지만, 그래도 읽은 걸 꺼내 쓰는 연습은 초반에
도와주고 자꾸 하게 하는 건 엄마가 좀 해줘야지. 결국
잘하게 돼 있어. 싫어는 할지언정. 솔직히 우리도 펜으로
쓰는 거 좋냐? 아니잖아. 애도 똑같은 거다.

"둘째가 난독증이라 너무 속상해요."

• rr1018님의 질문

저는 그동안 첫째 아이를 책육아로 열심히 키웠고, 이제 중1 올라갑니다. 문제는 둘째 남자아이예요. 초5 올라가는데요. 이 아이도 누나와 함께 책육아로 키우고 있지만 이상하게도 누나와 너무 다르고 유달리 힘들었는데요. 알고 보니 난독증이었어요. 아직도 여전히 글씨도 너무 못 쓰고 잘 못 읽고 책도 너무 너무 읽기 힘들어해서 국어책은 물론 영어책도 제가 읽어줘도 너무너무 늘 지루해하고 딴 생각하고 다른 데 보고…. 집에서도 이러니 학교에서는 안 봐도 훤한 수준입니다. 여러가지 수단과 방법 동원 안 해본 것도 아니었어요. 책을 재미있게 읽어주고 흥미를 갖게 해주려고 나름 이 방법, 저 방법 써보았지만 아직까지도 너무나도 힘드네요. 잘 때 너무 속상해서 베갯니를 적실 정도로 눈물이 나요.

혹시 언니께서는 주변에 이런 아이를 보신 적이 있으실까요? 제가 잘못 하고 있는 게 있는지, 좋은 방법이 있는지도 궁금해서 질문드립니다. 항상 글만 읽고 강의만 조용히 들으러 가고 책만 사서 파고 책육아만 하다가 처음으로 질문하는데, 이런 글 남겨서 죄송한 마음입니다.

ㄴ **지랄발랄 하은맘의 답변**

죄송하긴 뭐가 죄송하냐? 잘했어. 글구 고생했어. 다독다독~.

'누나와 너무 다르고 유달리 힘들었는데요'. 만국 공통

문장이야. 엄마들은 무척 당황스러워 하지만 대체로 두 놈이 너무 달라. 그리고 '난독증'이란 말도 현대에 새롭게 나온 말이야. 그냥 조금 느리게 도달하는 아이일 뿐, 괜찮아. 아무 문제 없어. 어느 날 갑자기 누나랑 전세가 역전될지 아~~~~무도 모른다. 딱 기다려라. 그리고 한 놈이 잘 따라주면 한 놈이 좀 힘들게 따라와 줄 수도 있지 뭐. 안 그러냐? 안 그럼 너 호강에 겨워 요강에 똥을 싸다 교만 지옥에 떨어져 죽었을 것이야.

"수학에 구멍 숭숭이에요"

• 012father 님의 질문

중1 됩니다. 요즘에 같이 「응답하라 1988」 다시 보는데, 성덕선처럼 아무 걱정 없고 사회지능이 높은 아이예요. 책은 하품으로 시작하고, 수학학원 보냈더니 구멍이 많다고 4, 5, 6학년 과정에서 구멍 찾고 있습니다. 딱 뭐만 하면 된다! 알려주세요.

ㄴ 지랄발랄 하은맘의 답변

'4, 5, 6학년 과정에서 구멍 찾고 있습니다'. 딱 그거만 해. 너가 정답을 말했네. 자고로 수학은 기초 개념이 다음 단계의 이해를 뒷받침하는 '계단식 학문'이라 초등 구멍 안 메꾸고 중등 올라가면 고등까지 힘들어지는 거야. 절대 쪽팔려 하지 말고 구멍 꽉꽉 메꾸게 해. 덕선양 자주 칭찬해주고.

"과학, 수학 못하는데 자사고 가겠대요"

• 레이첼맘 님의 질문

중2 문학 소녀가 사는 집입니다. 쉬는 시간엔 코바늘, 뜨개질을 하고 엽서와 편지지 파는 연희동 가는 걸 좋아하는 아이예요. 중1 성적은 과학, 수학 빼곤 올 A에 상장도 빠짐없이 받아왔어요. 근데 과학, 수학을 못하는데 목표가 자사고래요 (-.-;) 너 과학, 수학 점수 딸려서 못 갈 수도 있다고 했더니 외고 가겠다네요. 아이 어릴 때 어린이집 보내고 언니 강연 들으러 사방팔방 다닌 애미인데, 전 공부 못했던 엄마라 뭘 어째야 할지 모르겠어요. 책은 소설책 방학 기간에 매일 읽은 아이입니다. 성격은 내향, 극 내향인이지만 할 말은 하는 애구요. 전 2, 3학년 성적 보고 얘기하자라곤 해놨는데, 원하는 학교 가게끔 빡시게 공부를 시켜야 할까요? 학원은 본인이 문법 공부 원해서 영어만 다니고, 나머진 '혼공'입니다.

지금까지 이런 질문은 없었다! 이 글은 자랑인가 질문인가!

수학, 과학은 교과서 한 권씩 더 사서 집에 두고 세 번씩 정독

시켜. 싹 다 이해하게 될 때까지! 그럼 수학, 과학도 단시간에

A 받어. 자사고든 외고든 지가 골라서 갈 수 있어. 단 교과서

백퍼 천퍼 이해해야 한다. 절대 잊지 마라.

"중등 수학, 진짜 현행만 해도 될까요?"

• 빛나라 혜영엄마 님의 질문

1. 중등 수학도 현행만 잘하면 될까요? 첫째 중2 올라가요.

원래도 외계인이었지만, 현행 고집하는 제가 더욱 외계인같이

느껴지는 요즘이에요.

2. 어설프더라도 책육아? 책육아! 뭐가 다 제대로 안 되는

느낌이에요. 별난 엄마가 애들 잡는 것 같고, 그래도 나름 책

읽은 첫째가 눈치도 없고 먹는 얘기만 주구장창 하고, 입으로

수학, 숙제, 걱정만 하고 처놀기만 하고, 초4 둘째는

마법천자문은 팔아버려서 더 이상 못 보는 대신, 주구장창

한국고전 천자문만 봐요.

요 며칠 신경이 날카로워요. 개학이 다가와서 그런가? 이번주

일요일만 기다리고 있어요.

1. 당연히 수학은 현행에만 집중해야지. 현행만 잘하기도 바뻐. 애가 완벽하게 현행을 잘 따라간다, 점수도 괜찮고 애도 원한다, 싶으면 중3 겨울방학 때쯤 선행 들어가는 건 괜찮다고 본다.

2. 어설프더라도 책육아? 어디 미리 쉴드를 쳐. 니가 뭐가 애매하고 애들한테 집중을 못 하니 당연히 애들을 못 믿고 불안해하는 거다. 핑계 대며 수동태로 말하지 말 것.

3. 내 사랑, 하은이 사랑, 한국고전 천자문 님을 탓하시다뇨. 무엄하도다~~~.

"스마트폰 사달라고 틈 나면 딜 해요"

• wklee910 님의 질문

중학교 입학을 앞두고 딸아이 스마트폰을 해줘야 하나 고민하고 있습니다. 친구들 모두 가지고 있는 스마트폰, 지금까지 없이 잘 지내왔는데 틈만 보이면 딜을 하려고 하네요. 공신폰으로 적당히 딜을 해보려고 하는데 사춘기 딸이 친구들 사이에서

소외감을 느끼진 않을지 걱정도 되고요. 엄마의 단호함에
엇나가지는 않을까 고민되어 질문 올려봅니다.

드디어 나왔다 '스마트폰 사줘야 하나요?' 아니, 어떻게 한 자,
한 자 질문들이 이래 비슷하냐? 학교에서 방학 때
가정통신문으로 하은맘한테 물어보라고 문구 보내주나? 와~
똑같애. 넘 똑같애. 딜은 대학 합격하는 날까지 매일매일
루틴으로 하는 거고, 소외감은 애는 전혀 안 느낄 것이고,
엄마나 엇나가지 마라.

"입시미술 시작해야 할까요?"

• 워킹맘 이그릿 님의 질문

저희 딸은 예비 초5이구요. 그림 그리고 글쓰기를 좋아하고
웹툰작가가 꿈이에요. 예중에 가고 싶어 하여 지난주
입시미술학원 상담을 받았는데요. 예중에 가려면 초등
5학년부터 주 3회 6시간씩 입시미술을 준비하고 초등 5학년
10월부터는 본격 입시미술 준비로 1년 동안 주 6회 6시간,
방학은 그 이상 입시미술에만 매달려야 해요.

입시미술 시작하면 지금처럼 너른 시간에 언니 추천 책 읽히고,
집들 매일 30분씩 하고 수영 다니고, 그런 평범한 일상이
사라지는 것이 제일 마음에 걸려요.

그런데 아이가 가진 미술적 재능을 물심양면 지원해주고 싶은
마음도 커요. 아이가 학업, 미술 다 잘하는 편이지만 예술 쪽이
더 적성에 맞는 것 같구요.

웹툰작가는 꼭 예중, 예고, 미대 나와야 하는 것은 아니니
입시미술학원에서 취미 미술로 계속 배우게 하며 책육아 하는
것이 좋을까요? 아니면 위험을 감수하고 예중 준비를
시켜볼까요? 지혜로운 언니의 즉설 즉답을 기대합니다.

ㄴ 지랄발랄 하은맘의 답변

정답을 원하는 게 아니라 나라면 어떻게 했을 거냐? 이게
궁금한 거지? 주관적인 답변?

나라면 예중 안 보내. 긴 인생 놓고 볼 때 초등 시기면 난
충분히 멍 때리고 놀면서 책 읽고 여행 다니고 하면서 지내라
할거그덩. 웹툰작가가 꿈이라는 이유로 버어얼~써부터 그 큰
덩어리 시간을 입시미술에 갖다 바치긴 넘 아까워. 솔직히
예원이보다 하은이가 웹툰 더 많이 봤다고 장담한다. 물론
책으로 다 사서. 좋아한다고 꼭 리스크 감수하고 예중? 글쎄~
하은인 지금이라도 맘먹으면 웹툰작가 준비 바로 할 거 같어.

* 바야흐로 세기말에 겪은 미대 입시 썰 *

서울대 - 홍대 - 국민대 실기 다 다르고, 고3 올라갈 때 갑자기 바뀌기도 했어요. 예를 들면 같은 데생 실기라도 지정될 석고상이 다른데, 실기 당일에 짜잔~ 맞닥뜨리게 됩니다. 전년, 전전년도 참고해서 대형 석고 나왔던 데는 대형 석고 죽어라~~ 1~2년 연습해서 그리는데요. 이러한 일련의 경험이 질풍노도 사춘기 정서와 상치돼요. 그래서 입시미술 오래 하면 상처가 커요.

국민대 시각디자인 정원 40명 중 10명은 특차 입학(수능만). 그럼 나머지 30명 중에 재수생, 삼수생 빼면 결국 20여 명에게 열린 미대 입시. 너무 좁은 이 문에 많은 돈이 드는데 지금 생각해보면 이 돈은 청소년기 책값과 문화 경험비에 쓰여야 했습니다.

뭣보다 돈보다 더 귀하고 아까운 게 위에 선미언니가 언급한 아이에게 제공돼야 할 '한 뭉텅이 덩어리 시간'. 웹툰을 그리든 디자인을 하든 자기 철학이 없고 얕으면(바로 저 말입니다!) 미대 졸업하고 사회 나가서 한계가 빨리 와요. 또 지금은 AI까지 미리 버티고 있어서 너무 무섭잖아요. 힝~ 저는 26개월 입시미술 했고(인문계 일반고, 고1 11월부터 고3까지) 내 새끼는 절대 같은 경험을 주지 않으려 해요.

빛나는 소년기, 소설책 읽히고 읽히고 읽힐 겁니다.

ㄴ 워킹맘 이그릿 님의 답변

선배님~ 고귀한 답변 감사합니다. 입시미술 준비가 사춘기
정서와 상치되는군요! 그걸 무릅쓰고 할 만큼 메리트 있지가
않네요. 덕분에 책육아 + 취미 미술로 방향 잡았어요. 아이의
덩어리 시간을 더 존중할래요. 책으로 사고력, 상상력 더
키워서 독창적인 멋진 스토리를 만들 수 있게 물심양면
지원할게요!

ㄴ 엄마 여자 나 님의 답변

1. 대놓고 뜯어말리지도 말고, 앞장 서서 끌고가지도 말자!
대놓고 뜯어말리면 반항심에 더 절절해지고, 어쩔 수 없이
마음을 바꾸더라도 '엄마 때문에 내가 원하는 걸 못했다'며
평생 원망 들을 수 있다. 반대로 엄마가 "그래?" 하고
그날부터 심각해져서 잠도 못자고 여기저기 알아보고
입시학원으로 끌고가는 적극성도 띠지 말아야 한다.
'스마트폰 안 사주고 미루듯이' 최대한 밍기적거리며 버틴다.
2. 그 분야 최고의 고수들을 보여준다!
'우리 학교에서 내가 제일 잘해' '또래 중에서는 내가 완전
잘하지'를 뛰어넘어 진짜 실력자들의 모습을 보여준다. 나의

경우 일렉 기타를 좋아하니 콘서트, 락페스티벌, 클래식 공연 등 1열에서 프로의 모습을 직접 보게 했다.

3. 어떤 경우에도 성적은 최소 20% 이내여야 한다!

"앞으로 너는 여러가지 직업을 가지게 될 거야. 나중에 공부로 된 졸업장이 갑자기 필요하게 되었을 때 20~30대 되어서 그 요건을 갖추려면 많이 힘들어. 보험 드는 것처럼 가성비 좋을 때 평생 써먹을 수 있는 자격증 하나 따둔다고 생각하자."

"고수 1%를 제외하고 음악이든 미술이든 체육이든 실기 능력은 대동소이할 수 있어. 그래서 결국 예체능 입시도 공부가 중요해. 너가 기타를 치든 그림을 그리든 유도를 하든 이 정도 성적은 무조건 유지해야 한다."

4. 아이가 다른 전문가에게 상담을 요청해보도록 한다.

엄마 말이 100% 맞아도 애는 엄마 말을 잘 안 믿는다. 특히 입시에 관해서는 더욱더!

학교에 담임 선생님, 진로 선생님, 예체능을 배우는 학원 선생님과도 얘기해보라고 시킨다. 선생님이 볼 때에도 소질이 있고, 또 소질이 있더라도 전공을 하는 게 맞는지 여러 사람의 얘기를 듣게 한다.

어머, 우리 애가
소질이 있나?
두근
두근
책육아로 큰 애들은
예체능을 잘 한다.

많이 놀며
시간 투자,
엄청난 몰입,
실력 여기저기
발휘
피아노
춤
웹툰
그림
기타
유도

1. 대놓고 뜯어말리지 말고
앞장서서 끌고 가지도
말자.
최대한
뭉기적
거리며
버틴다

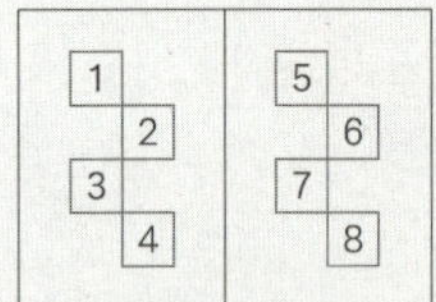

음
사인
해줘
이거
할래
스마트폰 안 사주고
미루듯이..

2. 그 분야의 최고 고수를
보여준다.

진짜 실력자들
프로
1열 직관하게..

3.
어떠한
경우에도
최소
20% 이내
성적

결국 예체능 입시도

공부가
중요

4.
아이가 전문가에게
상담을 요청해보도록
한다.

애는
엄마 말
안 믿지..

지랄맞은 사춘기를 죽지 않고 통과하는 일

초판 1쇄 인쇄 2026년 4월 10일
초판 1쇄 발행 2026년 4월 20일

지은이.   김선미
펴낸이.   최혜진

표지디자인. 알음알음
본문디자인. STUDIO 보글
본문그림.   백정욱

펴낸곳.   온포인트
출판등록.   제2023-000090호
주소.   서울시 금천구 디지털로9길 65 203호
전화.   070-7514-3546
메일.   onpoint-books@naver.com
인스타그램.   @onpoint_books

ISBN   979 - 11 - 996297 - 1 - 4 (13370)